ちいさなことで調子にのろう！

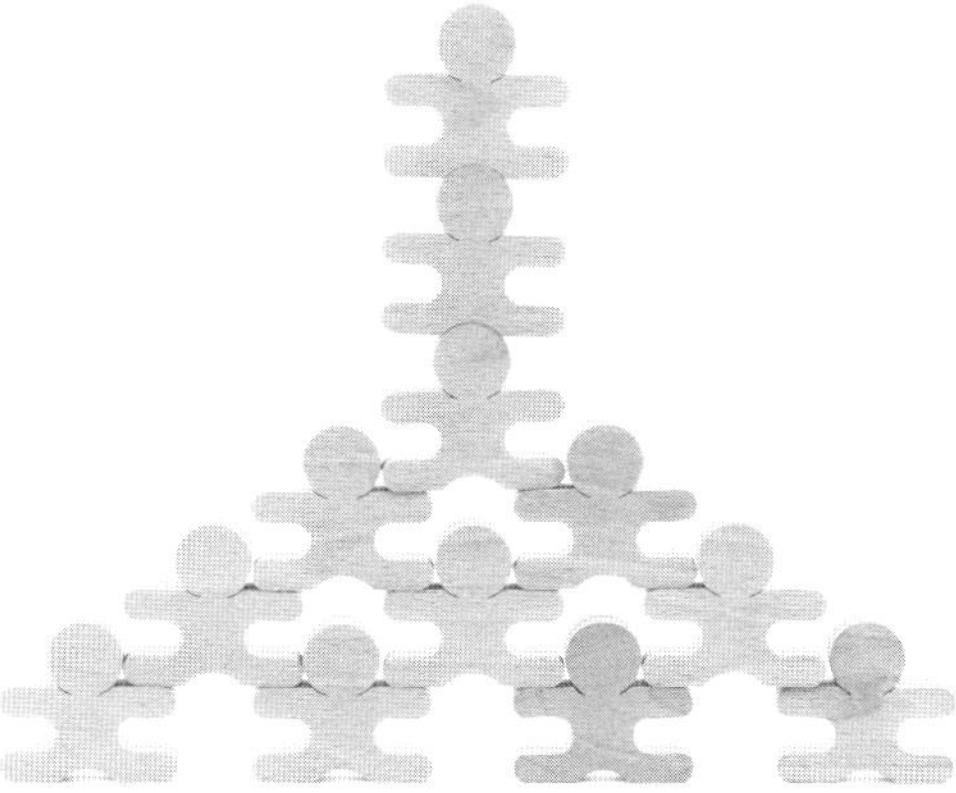

TOYクリエイター
野出正和

調子にのれるよ。調子にのろうよ。

「たかが工作で自信をもてば、大人になってからも自信満々の生き方ができる！」を伝えたくて、この本を書いた。エッセイと工作から、ぼくがどれくらい「あそべる大人」かを読んでください。そうすれば、納得してもらえると思う。読むひとによっては、「子育て論」かもしれないし、「おもちゃ作家になるには」のヒントかもしれない。もしかすると「転職や起業を成功させるには」の答えを見つけるひとがいるかもしれない。

ぼくが直接伝えるには限界があるから、この本がある。
ひとりでも多く、あそべる大人と子どもが増えますように！

野出正和

もくじ

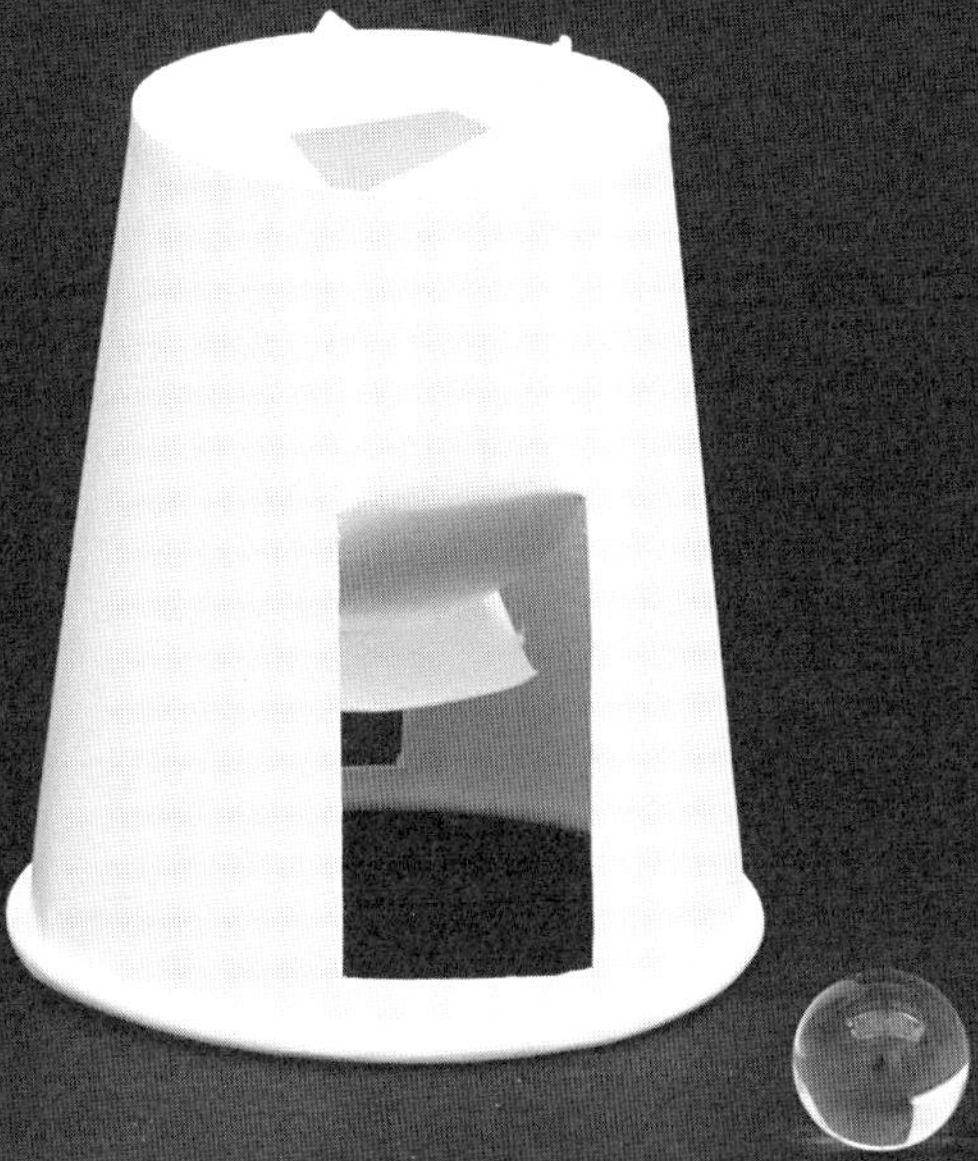

ひととして大事な土台を、育ててくれた両親だったと思う。

ものづくりをはじめたのは、おやじの背中を見ていたから。おやじは工務店をやっていて、飲食店の内装を設計から手がけていた。家ではよく図面を描いていたよ。当時はパソコンがなかったから、手でね。図面台に紙を広げて、定規を使って。そのようすが、かっこよくてさ。「手でこんなにきれいに描けるんだ！」と思って見てた。パソコンの画面と違って図面台は大きいから、うしろからでもよく見えたんだよね。

おやじのオフィスはシンプルだった。よけいなものがなくて。スチールラックは、つや消しの黒。そこに仕事道具がランダムに配置されてて、かっこいいの。製図のペンとか定規、それに現場を撮るインスタントカメラとか。

おやじは、「人生は、持ちものも考え方も、全部シンプルがいい」ってよく言ってた。「シンプルがいい」ってことばは、耳にタコができるくらい聞かされたな。おやじのポリシーは生活全般に及んでいて、ビデオデッキは「くり返し、受け身で観ちゃうからだめ」、エアコンは「からだが強くならないからだめ」。反発はしなかったね。ほかには何も言わないひとだったから。そのあたりの方針はおふくろともコンセンサスを得ていたんだろうね。どちらかが甘やかすということはなかったな。

食事も、冷凍食品やできあいものではなく、ちゃんと調理したものを食べさせてもらっていて、そのおかげか子どもの頃から大病もせず、いまでもどこも悪くない。精神的にも肉体的にも、両親は、ひととして大事な土台を育ててくれたと思う。

帰ってきたら、やけにでかい、桐箱に入った彫刻刀が買ってあった。

子どもの頃、うちにあったおもちゃといえば、積み木、ブロック……とにかく、「自分であそびをつくり出せるもの」だった。いわゆるキャラクターおもちゃのような、「決まったあそび方しかできない」ものはなくて、もちろんテレビゲーム類はだめ。「人生ゲーム」やオセロのようなボードゲームはあったけどね。「おもちゃにあそばれるようじゃだめ。受け身になっちゃいけない。人間が堕落するから」と、おやじは言ってたな。

工作をするようになったのは、小学生の頃かな。最初はおやじが趣味でやっていたのを真似して、プラモデルづくり。「道具はいいものを使え」と言うおやじだったから、はさみもカッターも高級なものを使っていたと思う。

彫刻刀を学校で使うことになったとき、「学校指定のものは買わなくていいよ。ぼくが買ってくるからね」とおやじが言うんだ。ちょっといやな予感がしたんだけれど（笑）……帰ってきたら、やけにでかい箱が置いてあって、桐箱に入った職人仕様みたいな彫刻刀が買ってあった。「まいったな。立派すぎてちょっと恥ずかしい」と思ったけれど、学校に持って行ったら、誰のよりもよく切れる。「これはすごい」と。そうすると、子どもながらに「道具のせいにはできない」と思うわけ。「作品がひどかったら、腕かデザインのせいだ」ってね。小学4、5年生のときからもう、そういう感覚はもっていたんだよ。図工の評価はいつも高かったな。だから、「ぼく、工作すごいんじゃないの？」って気になったんじゃないかな。

スーパーカー消しゴムの「改造」はぼくを調子にのらせた。

とにかく調子にのると止まらない子ども時代だった。小学5年生くらいのとき、「スーパーカー消しゴム」っていうのが流行って、なんのことはない、スーパーカーのかたちをした、ちっちゃい消しゴムなんだけど、それをボールペンのノック部分のバネの力で押して走らせるの。砂場で山をつくってコースをつくって、レースをするわけ。すると、みんなだんだん知恵をつけてきて、ボールペンを改造したりする。やっぱり器用なやつ……電器屋の息子とか、ぼくみたいなやつがすごくて、ひと晩経つと、すごくバネが強くなっていたりする。ボールペンの「書く」機能なんて取っちゃって、ライターで溶かして短くしたりして、消しゴムレース専用にしてね。

消しゴムはもともと1色だけど、ぼくはプラモデル用の塗料で色も塗れるわけ。それを学校に持って行くと、「かっこいー！」ってなるでしょ。「おれのもやって」と言われてさ、友だちのを家で塗ってたらちょっと失敗しちゃって、落とそうとシンナーに漬けてたら、翌朝「ええーっ、ちっちゃくなっちゃった！」って。しかもぎゅーって硬くなってるんだよ。「うわ〜」って思ったけど、「待てよ、硬くなったってことは速くなったんじゃない？」と思って、それに色を塗って持って行ったら、「うわー、すげー‼」とものすごい評価。それからシンナー漬けが流行ってさ。家ではよく「窓を開けなさい！」「下まで匂う」と叱られたけど、夢中になるとわからない。

パンチパーマの友だちと年越し時代。「先生になろう！」と思いついた。

そんなふうに、ものづくりとあそびと、あとサッカーばかりしていたから、勉強はそんなにね……成績はひと並みだったと思う。中学2年くらいからは、放課後に「まじめじゃないひとたち」とあそぶようになって、おまわりさんに補導されそうになって逃げたり、ちょっとケンカしたり。真のワルではなかったんだよ。先生たちも仲よくしてくれた。いちばん悪いやつは正座させるのも難しいから、先生たちのメンツを保つために、ちょうどいいぼくを正座させて丸く収めるふうだった。

大晦日になると、「ちょっと不良な方々」がうちに来てた。家族と年越しそば食べてさ。パンチパーマのやつでもちゃんと挨拶するから、おふくろなんか、「みんないい子ねえ」なんて言って。高校のときもそうだった。なんで毎年うちに来るんだろう？　って思ったけれど、うちは家族で麻雀をしたりする家だったから、大らかだったのかもしれない。少なくとも、親が見た目でひとを判断しないのは誇らしかったね。

大学受験を控えて、何になりたいかを考えたとき「小学校の先生になりたい」と思った。学校をサボってたぼくが教師というのもヘンだけれど、サッカーやあそびに夢中だったから、そういうことを仕事にしたいと。教科は図工でね。でも、先生になるには大学に行かないといけない。試験は受けたものの、受験勉強なんてしてないから何も書けなくて。そこで考えたのが、関わる年齢を下げて、保育士になること。最低限の試験で入れる専門学校を選んだので、無事に入れたんだよね。

父の死で、一度夢が終わった。そして帝国ホテルでのヘッドハンティング。

でも、学校に入って保育の勉強をはじめたとたん、おやじが亡くなった。ぼくの誕生日の前日だった。事業の借金もあって、家も出ないといけなくなった。家族でマンションを借りることになって、おふくろが「あんたも働きなさい」と。

それで健康保険組合に就職して、突然、社会人になった。そこで一度、夢が終わったんだよね。パソコンのことなんか何もわからないのに、いきなりパソコン入力の仕事に就くことになった。目上のひとを「○○さん」って言うことも知らなくて、「先輩！」って呼んでたくらい。まわりのひとにはやさしくおしえてもらったけれど、いつまで経っても大卒のほうが給料が高かった。その頃にはひとりでアパートに住んでたから、生きていくだけでせいいっぱい。これはちょっと……と思って、夜はバイト。おしゃれなピアノバーの厨房で、ピザとか野菜スティックをつくっていたな。そんな生活を4年間続けた。

そのうち、おふくろがスナックをはじめて、そこで出会ったお客さんの紹介で、医学書を輸入販売する商社へ。「パソコンが得意」という誤解があって入ったはいいけれど、「パソコン、まったくわかんねえぞ」と。でも、なるようになるもので、金一封をもらうくらい活躍したね。2年後には取引先だった会社からヘッドハンティングにあった。呼ばれて帝国ホテルのロビーに行ってみると、待っていたひとが、「あなたの知っている◯◯という会社がこういう条件で来てもらいたがっています。どうしますか?」「行きます」って。

こころのすきまが埋まらず、寿司を握って妻の帰りを待つ日々。

そこは医療系のコンサルタント会社で、2年間、26歳まで働いた。給料もよかったし、子会社の社長もやらされたりして、その頃にはもう600万とか800万の年収があったんだけど、全部使ってたな。金曜の夜にスキーに行って、月曜の朝に帰ってくるとかね。そうこうするうちに、後に妻になるひとが社長秘書として入社してきて、つき合って2週間で結婚しちゃった。何となくバツが悪いから、ふたりして辞めちゃったの。

辞めた後でふり返ってみたら、会社員として働いていた間、どこかこころのすきまが埋まらなかったことに気づいた。給料に関係なくね。それを埋めるために、がむしゃらに働いたり、あそんだりしたけど、どうも埋まらなかった。だから、いい機会だと勝手に思って、失業保険をもらって半年くらい家にいた。給料がよかったから、生活できるくらい手当てがもらえていたので、掃除をしたり、やってみたかった寿司を握って、再就職した妻の帰りを待ったり。その間に面接に行ったりもしたけれど、入りたいところは受からず、そうじゃないところは来てくれと言う。自己評価と他者評価の差って何だろうと考えたりしてね。

その頃、先に独立していた前の会社の同僚に会って、「とりあえず稼いで、その金で人生探したら？　一緒にやろう」という話になった。ふたりで用意できた60万円を元手に、飯田橋のぼろーいビルに一室を借りて、医療系のコンサルタント業の会社をはじめた。

「いい子育てとは何か」を考えたら、「図工で評価された自分」がいた。

会社をはじめたときは法人ですらなかったけど、2年経つと有限会社がふたつになって、社員も合わせて5人くらいになった。一部上場企業とも契約を取れたりしていたからね。

その頃、子どもができた。そのときにまた、人生とは何かを考えちゃった。「いい子育て」とは何か、ぼくなりに考えたわけ。「いい子育て」をするには自分が輝かないといけない。でも、そのときの自分は輝いているとは思えなかった。社長とはいえ稼ぎも少なかったので、「このままでいいのか」「どうせ苦労するなら、やりたいことをしていたほうがいい」と思った。

職業と関係なく自分が輝ける瞬間を探して、子どものときからを思い返してみると、「図工で評価された自分」がいたんだよね。そのときに、木でおもちゃをつくることをひらめいた。プラスチックは大変そうじゃん？　資本もいるだろうし。木だったら、おやじが仕事で木材を切っている姿を見ていたので、ぼくにもできるんじゃないかと。その当時は、世の中に木のおもちゃが売られているのか、売っているお店がどこにあるのか、作家もデザイナーも何も知らなかったのに、そう決めて。共同経営者も妻も、まさに泣く泣く認めたような感じだったね。

会社を辞めた翌日にはホームセンターに行って、木の名前もわからないから適当に木と、あとドリルと糸ノコを買った。

「無垢工房」という屋号は、「自分が無垢な気持ちでおもちゃをつくれるように」という想いを込めてつけたの。おもちゃに無垢材を使うから、じゃないんだよ、実は。

おもちゃ作家の一歩目

はじめは噛んだり、つかむだけでよくて、大きくなったら「車」として扱ってもらえばいい。息子のおもちゃとして、まず思いついたのが車で、白木のものが原型。ひとつめは、いま考えてもひどいかたちだったと思うよ。まっすぐなとこなんかどこにもないような。

カラコロ自動車
1994年
100×65×80㎜
2、160円（白木）
2、700円（カラー）

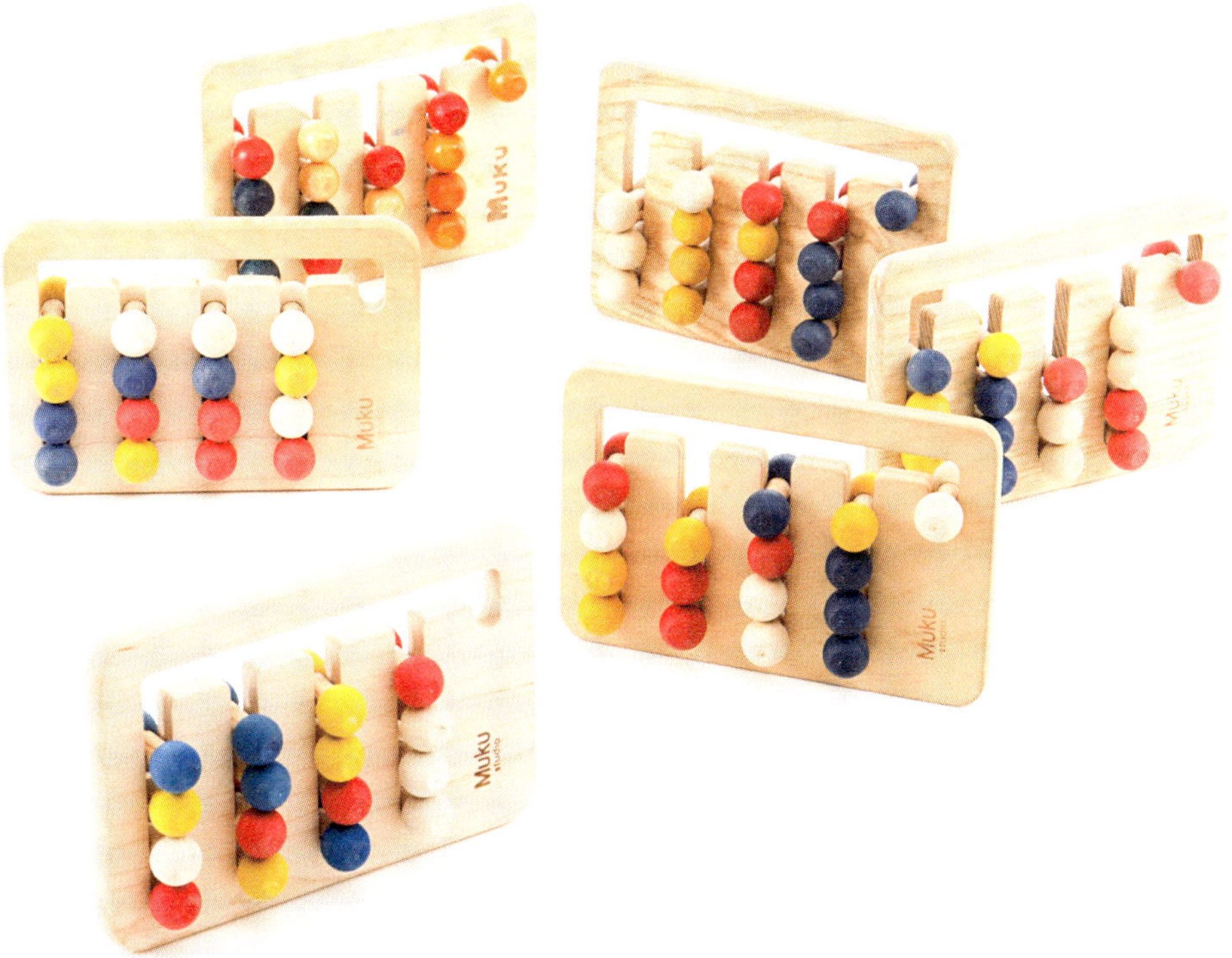

並べて、くずして

色をそろえて並べたり、自分で模様をつくってみたりしてあそぶもの。西武池袋線の石神井公園駅と富士見台駅の2駅間（その間に練馬高野台駅ができる前）で思いついた。浮かんだときは50㎝くらいの大きさだったけれど、手はじめにちいさくつくってみたら、それで満足して。このおもちゃは常に進化していて、これまでに5、6回以上、モデルチェンジをした。ぼくのおもちゃは発送途中で1個でも壊れたら仕様を変える。でも、大きさ、材質、厚さ、どれを変えるにしても、最小限に抑えることに決めているの。完成イメージは崩したくないから。この大きさにしたのは確か、当時既製品で売られていた板や球の大きさに合わせたたから。

ならべっこ
1995年
115×75×28㎜
1、944円

200件まわって99パーセント門前払いの2年間。

どうにかはじめてのおもちゃができた瞬間に、「あれ、これどうやってお金に換えればいいんだろう？」って。スーパーマーケットでは働いたことがあったけれど、小売業で働いたことがなかったから、「卸」っていう仕組みも知らなければ、値段のつけ方も知らなかった。だから材料費が500円かかったなら、600円で売れば損はしない、というくらいの考えしかなかったの。木のおもちゃの専門店があるとも知らなかったから、店に売ってもらうっていう発想もなかったし、一般の家庭に売ることも思い浮かばなくて。たくさん売れたほうがいいかと思って、「そうだ幼稚園だ」と。その頃、幼稚園と保育園の違いもわかってなかったんだよ。「専門学校で学んでなれるのは保育士」くらいのことしかわかっていなかった。それで、いくつかできたものを持って、近隣の幼稚園に行って、「おもちゃを見てください。よかったら買ってください」って。2年間で200件まわって、99パーセント門前払い。そりゃそうだよね。たまに話を聞いてくれるけれど、「何の木ですか？」「さあ？」「安全ですか？」「たぶん」なんて答えるから、買わないよね。しかもアパートの一室でつくっているから、できるのは切って削って穴を開けるくらいだったしね。

それで、1年くらいは、これまで知り合ってきたひとにすごく助けられてね。時間を取られないパソコン入力の仕事を紹介してくれたり、息子用の服を分けてもらったり。それからちょっとずつ、名前とおもちゃが知られるようになっていったかな。

握る、なめる、かじる

握っても、なめても、かじってもいい。〈カラコロ自動車〉と同じく、当時あかちゃんだった息子のためにつくったのがはじまり。最初は道具がない頃で、玉をつくるのが大変だった！

にぎりだま
1994年
100×30㎜（3連のもの）

ほしがらないで？

胸につけて動くと、からからくるくるとまわる。思いついたものの、薄くちいさい羽はつくるのがかなり大変。注文が入らないよう高くしたのに、よく売れてたな。

ブローチ（かざぐるま）
2000年
直径25㎜

迷子札×非常用財布

車輪を引っぱると、板と板の間にすきまができて、電話用の10円硬貨などを挟めるアイテム。つくったのは、ちょうど阪神淡路大震災の後で、子どもたちの身元がわかるように、それと公衆電話で小銭を使えるようにという意図でつくったもの。これは商品化もされて、「おくや物産」とのつき合いのはじまりになった。ぼくは車で考えたけれど、商品化されたら犬や魚まで加わってびっくりしたね！

迷子のお守り
1996年
50×40㎜

握ってほしくて

家庭でおにぎりを握らなくなったと聞いたことからできたおもちゃ。三角おにぎりを握る手のかたちは、おにぎりのときしかしないんだって。これは大切な文化なんじゃないかと。握ったときに木の質感を感じてもらおうと、6種類の木でつくったけれど、すると大人は子どもに「木の違い」をおしえようと思って使うわけ。のり（ラベル）をはがれるようにしたら、「はがれて木の名前がわからない」と問い合わせがきちゃうんだよ。もしかして握りたくなる歌が必要なのかと思ってCDを自作したりも。

おにぎりセット（6個）
1996年
65×60×25㎜

手が動物に変身

軽い気持ちでつくってみたら、保育士さんたちに大ウケして、すごく驚いた。いろんな動物に見立ててあそべて、定番はわに（右）とぞう（左）。

キョロ
2000年
35×20㎜
各540円

アトリエを持った！ついでに一戸建ても買えた！

おもちゃが売れはじめても、お客が直接買いにくるなんて夢にも思ってなくて……来ちゃったひとはしょうがないから駐車場に案内して、倉庫代わりにしていた車のうしろを開けておもちゃを見せてた。数が売れるようになると、おもちゃをつくる音が出る時間も多くなるし、近所迷惑かなと思いはじめて、ちゃんとしたアトリエがないといけないなって。空気のいいところでの子育てもいいと思ったけれど、あんまり都心から離れると、営業活動がしにくい。都心に出やすい場所を考えて、1996年に土地つき一戸建てが買えた埼玉県飯能市へ。家よりうれしい待望のアトリエ第1号は、庭につくったプレハブ。

蔵を改装したいまのアトリエは3年前から。ぼくの前は絵描きさんが借りていたらしい。

忍法・積み重なりの術！

無垢工房でいちばん知られているおもちゃ。思うままに積み重ねてたのしめる。糸ノコの実演をするために、10㎝四方の板から切り出すものをデザインしていたときに原型が生まれた。その場で10個くらいつくって、当時いたスタッフの実家が保育園だったので、「あそんできて」と渡したら大人気に。基本の個数は1ダースで、あればあるほどたのしめると思う。

NINJYA
2003年
55×51×10㎜
4、104円（12個セット）

忍法・姿隠しの術!

これはぼくのアトリエにしかない試作品。機械で形を抜くので、抜いた後のアクリル板に形がはっきり残って、きれいなんだよね。

NINJYAアクリル
2004年
55×51×10㎜

忍法・壁昇りの術!

透明なアクリルの〈NINJYA〉が、七色のひもをつたって、するすると上へ。ひもをカラフルにしたので、〈NINJYA〉はあえて透明に。

昇り忍者
2004年
55×51×10㎜（本体）
1、620円（ひもとセット）

原発なんていらねえべ!

「NO NUKES」を訴えるバッジ。「いらねえべ」は飯能弁だね。自分のできる「脱原発」をかたちにしたもの。

NINJYAバッジ
2013年
25×30㎜
各324円

忍法・サイズアップの術!

ビーチサンダルなどでおなじみの素材でできた、ちょっと大きめの〈NINJYA〉たち。ちいさい子は大きめのほうがあそびやすいしね。

Big NINJYA
EVA素材
2014年秋発売予定
165×153×30㎝

ネフ社商品化オファーをお断り。だってよく知らなかったから……。

引っ越してきてから、ネフ社（スイスの老舗おもちゃメーカー）の社長が審査委員長を務める、世界中から応募があるコンテストがあったの。締め切り前日におもちゃが思い浮かんじゃって、必要な機械がないからすぐに借りて徹夜で〈ＴＵＲＮ・ＴＵＲＮ・ＴＵＲＮ〉（ｐ30）をつくったら、なんと佳作！商品化のオファーには、当時はネフ社をよく知らなかったから、「こんなロイヤリティなら自分で売ろう」とお断りして。

２０００年から２００５年くらいまで、ドイツのニュルンベルクのメッセ（世界一大きいおもちゃショー）にも出展して、spiel gut（ｐ30参照）に認定された。自信になったよね。

できると自慢！

机の上で縦に回転させて、倒れる前に手のひらでキャッチするおもちゃ。立つタイミングで止めるから、かっこいい。発案者の佐藤敏男さんとデザイン契約をしました。このフォルム、いつ見ても脱帽！

クルリン
2000年
直径20×90㎜
各756円

置いてたたく新感覚！

ちいさい子は、台につけたまま、上からたたいて。大きくなったらはずしてたたいてもよし、2個いっぺんにたたくもよし！　たたくって、いちばん簡単な演奏法だからいいよね。

ツインカスタネット
50×50㎜（大）　40×40㎜（小）
145×90㎜（台）
2、376円

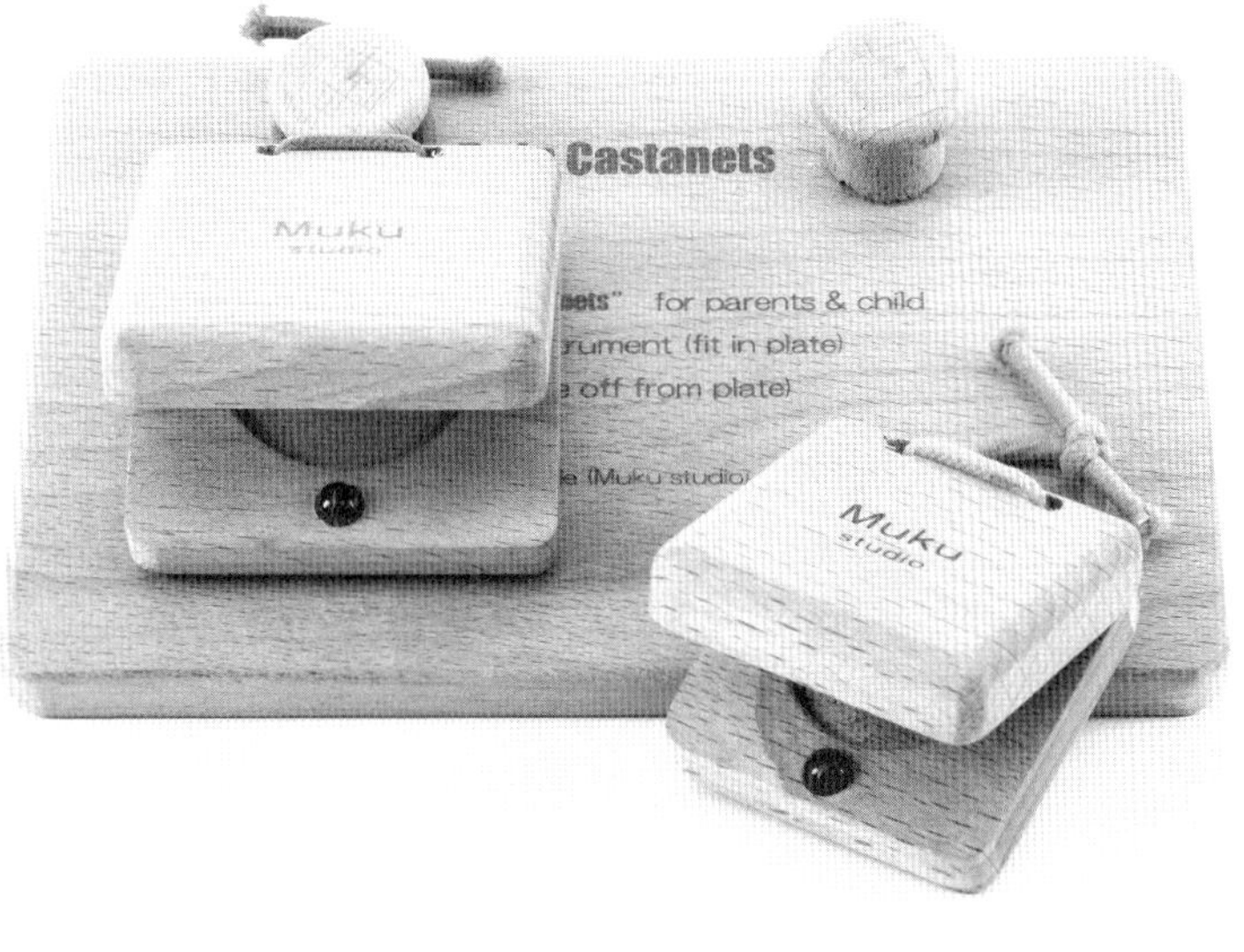

spiel gut
認定
（2001年）

spiel gut®
vom arbeitsausschuß
kinderspiel + spielzeug
ausgezeichnet
recommended

ドイツの「子供の遊びと玩具審議会」審査員（真剣に子どものことを考えている、おもちゃ業界外のひとたち）から「いいおもちゃ」だと認められると与えられる「spiel gut（いいおもちゃでよくあそべ）」という認定マーク。ぼくのおもちゃで選ばれたのは、この7種類。日本の作家でいちばん多いよ！

あそびにことばはいらない

定番のならべっこは、何度かモデルチェンジした後のものが受賞。

ならべっこ（1995年）
115×75×28㎜　1,944円

spiel gut
認定
（2001年）

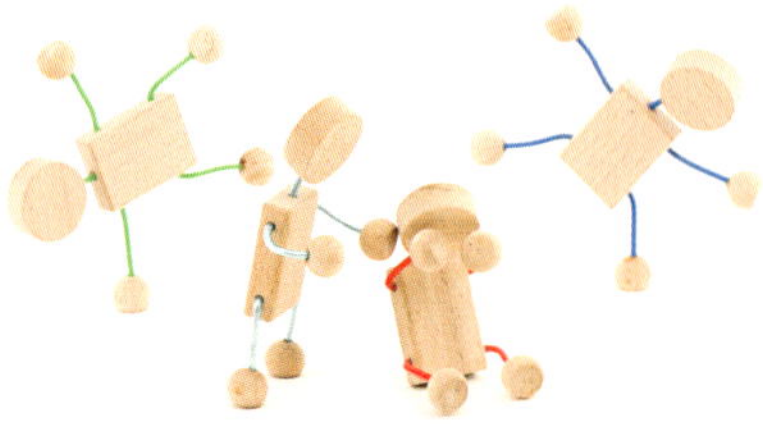

手足の動きで表情が伝わる

カラフルな針金の手足で、自由自在にポーズをつけられる人形たち。ただ、針金が折れてしまう「骨折」が問題になって、生産終了。

REN（2000年）
60×80㎜　1体

spiel gut
認定
（2001年）

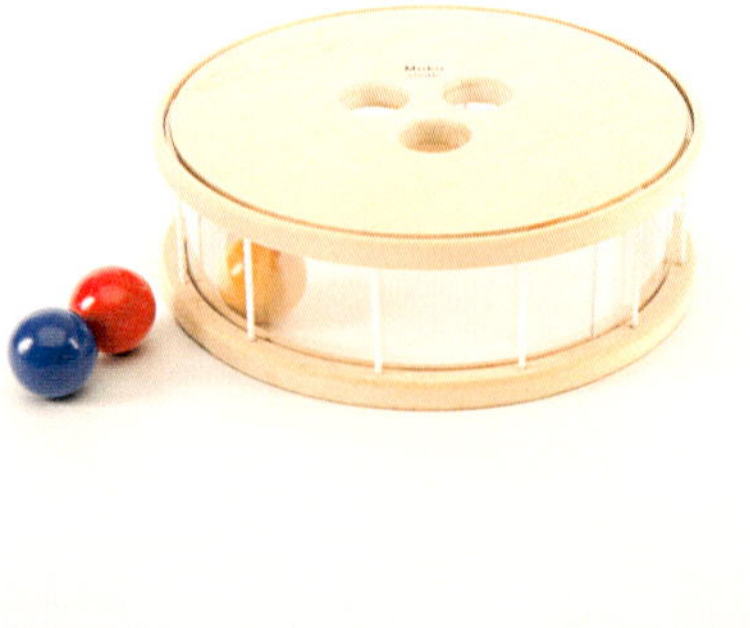

元ネタは……洗面器

底はなく、本体上の3穴に指を入れ、中に入れた玉を転がし、遠心力を利用して玉を落とさずに持ち上げられれば成功！ あそび上級者向け。

TURN・TURN・TURN（2001年）
直径200×高さ60㎜（本体）　ボール3個つき

spiel gut
認定
(2004年)

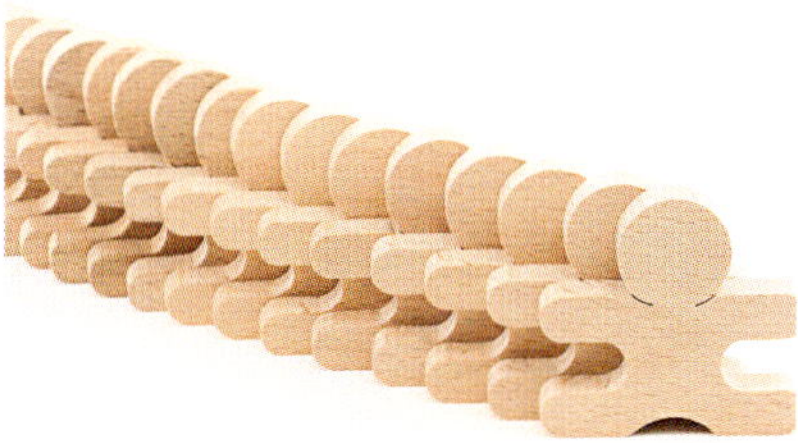

忍者、集団でドイツへ参上

spiel gutは、セットの数が違うと別のおもちゃとして認定する。おもしろいね。

NINJYA (112個) (2003年)
55×51×10㎜　32,400円

spiel gut
認定
(2004年)

忍者、ドイツへ参上

ニュルンベルクのメッセ会場は売買禁止。でも、ほしがる審査員にこっそり売ったことも。

NINJYA (12個) (2003年)
55×51×10㎜　4,104円

spiel gut
認定
(2002年)

ひとりあそびの新定番!?

溝に添ってビー玉を転がすおもちゃ。上下の溝を交互に継いでいけば、何時間でもずーっと続けられちゃう！

D・I・M (Do It Myself) (2002年)
230×60㎜ (本体) ビー玉と写真中央のパーツつき

spiel gut
認定
(2002年)

夜更けにワインを飲みながら

揺れる「アンバランス」な土台に、交互に木のチップを載せてバランスを保つゲーム。ぼくのイメージは「ワインを飲みながらあそぶ」もの。

Unbalance (2002年)
250×180㎜ (本体)　チップ2種(各20個)セット

ちいさな音が聞こえるよ

指先でたたくような、ちいさなカスタネット。これくらいだと、ちいさな手のひらにも充分収まるよね。お出かけ用にも好評だった。

小さな森の声（1995年）　直径90×50mm

缶ぽっくりならぬ……

昔なつかしいぽっくりを、木で。裸足になって、ひもを足の指でつかむようにして乗るタイプ。段ボールでつくったことも。

ぽっくり（1993年）　直径25×10mm

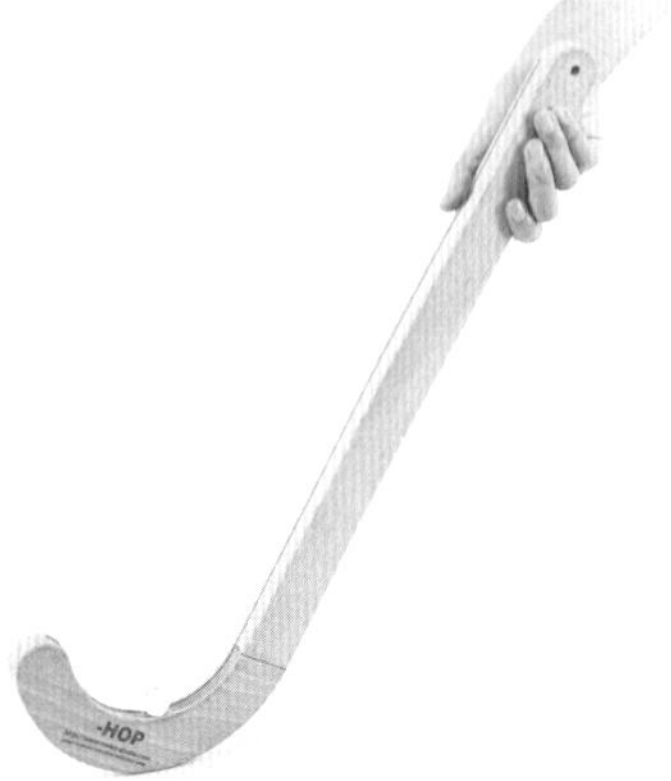

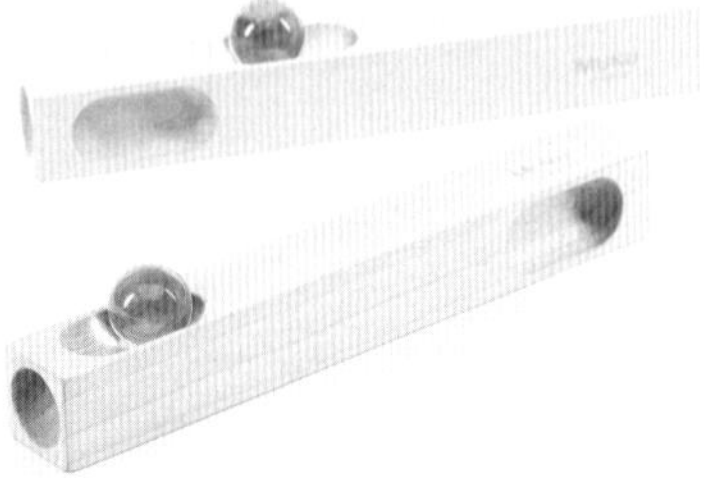

HOPするビー玉

Jの字型の内側には、ビー玉を転がす溝が。転がして勢いをつけて、ねらった場所へシュート！角度によって難易度が変わる。

J-HOP（2002年）　175×500mm　ビー玉つき

けん玉ニューウェーブ！

ビー玉と木を使った「けんだま」。ビー玉を弾ませて、あっちの穴からこっちの穴へ。難易度が高いので、ちょっと年齢が上の子に。

ビートン（1998年）150×20mm　1本、ビー玉つき

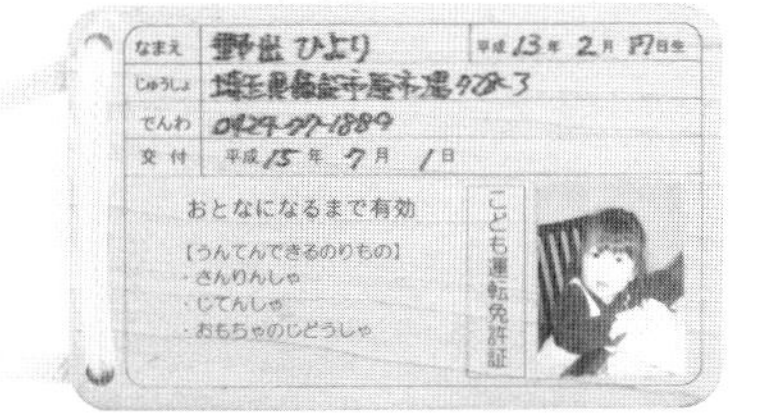

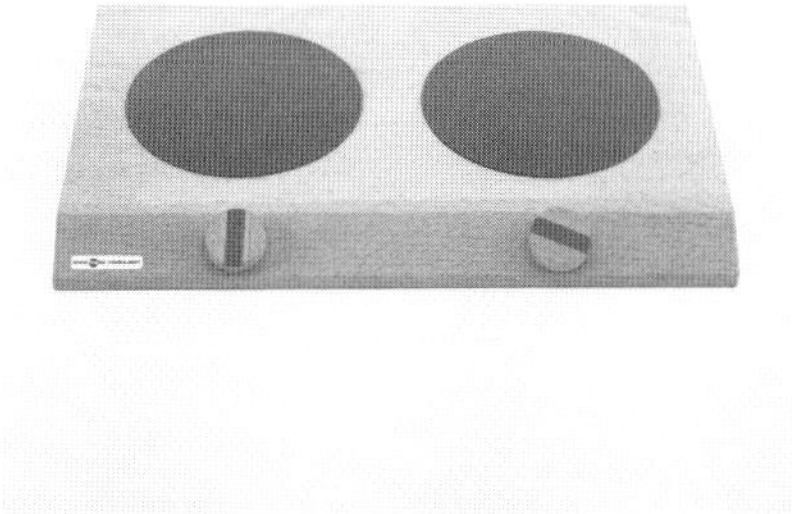

「わたし」の免許証

ひと昔前には、子どもたちのあこがれの免許証も、子ども仕様で再現。写真はぼくの娘のちいさい頃。

子ども免許証（2002年）　90×55mm

置けばたちまち調理台！

つまみがちゃんとまわせるコンロ。企業からの依頼でつくったままごとセットもあるけれど、無垢工房の商品としてはコンロ単品で。

コンロ（2002年）　320×200mm

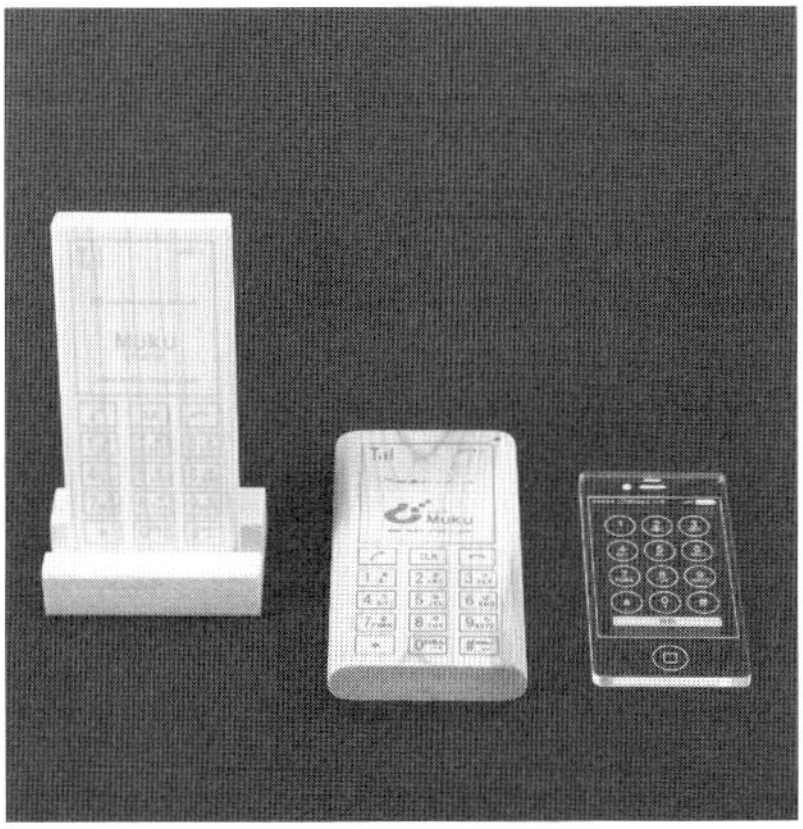

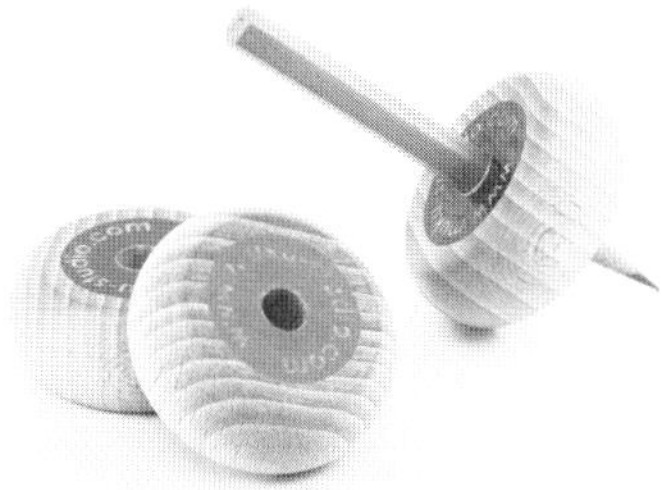

これぞ未来の携帯電話？

子どもたちの夢を、木の携帯電話で叶えたくて。アクリルの「スマホ」は最近思いついた試作品で、電車内でいじっていたら大注目！

携帯電話（2010年）45×90mm（左）スタンドつき

まわった後もおたのしみ

真ん中の穴にえんぴつを刺せば、この通りコマに変身。下に紙を敷いて、できあがる模様も一緒にたのしむのが通！

えんぴつコマ（2009年）　44×16mm　1個

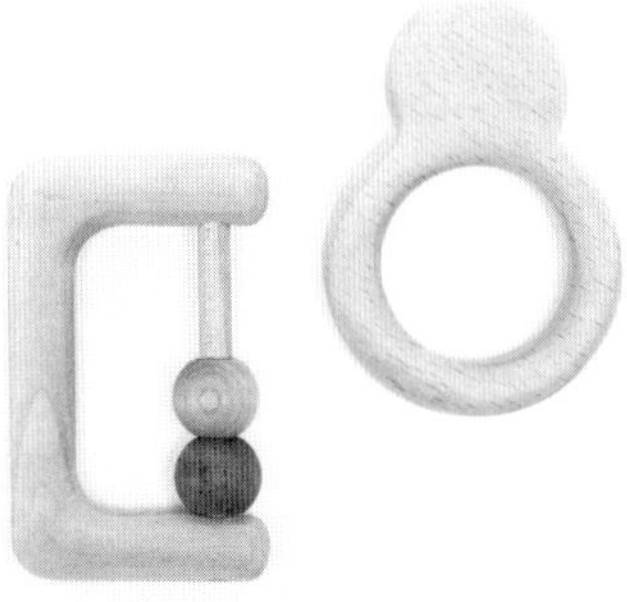

にぎりやすく、かじりやすい

上の娘が生まれたときのアイデア。歯がため（右）の持ち手は「おかあさんの小指」の太さで、あかちゃんでもしっかりにぎれる。

モノクロガラガラセット（1998年）

45×70㎜（ガラガラ）、50×70㎜（歯がため）2,592円

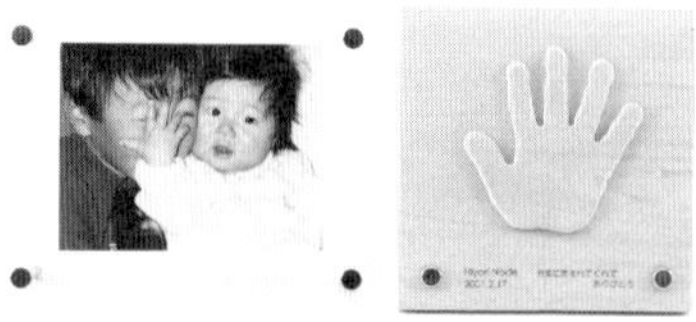

手に乗せられる「手型」

商品に同封してある「手型お仕立て券」と紙の手形を送ってもらうと、木の手型にして返送。メッセージはぜひ入れて！

天使の手型（1995年）

170×130㎜（写真立て）、130×130㎜（手型）10,584円

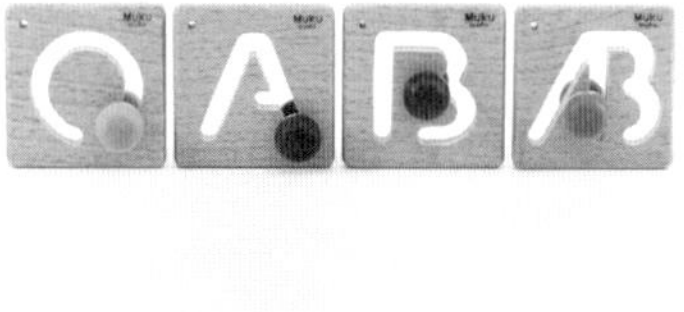

お祝いにどうぞ！

〈ならべっこ〉の仲間で、こちらは見た目重視。けっこう人気があるみたいだけれど、ぼくとしてはあそびが広がりにくいので不満。

血液型ラトル（2009年）

60×60×40㎜　1個

見た目も実用性もばっちり

実際の食事に使える食器。スプーンの太いほうで食べものを潰し、細いほうですくって。

あかちゃん食器 離乳皿＆スプーン（2000年）

125×60×35㎜（離乳皿）、105×22㎜（スプーン）
3,240円（離乳皿）、1,080円（スプーン）

コストも、安全性も、耐久性も、シンプルにかなうものはない！

もともとデザイン性にすぐれたシンプルなものが好きだったけれど、実際に自分でつくるおもちゃも、やっぱりシンプル。シンプルにかなうものはないよね。取ってつけたようなデザインのものは、コスト面、安全性、耐久性、何かに問題が出る。にもかかわらず、見た目をよくするためにそうしているわけで、「足すデザインって簡単だな」と思ってしまう。

デザインをどんどんそぎ落としていくと、パーツを減らせて加工も安くなる。しかも壊れにくい。だからぼくは、そんな「究極の機能美」を追求している。ぼくのおもちゃが、一見よくわからないけれど、あそぶとすごくたのしい理由はそれだと思う。

仕事の中で、わからないことは、わかっている相手に聞くことだね。こちらの目的を伝えて素直に尋ねると、みんないろいろなことをおしえてくれるものだよ。

たとえば接着剤について、安全なものをおしえてもらおうとメーカーに電話したら、「ないですよ、完全に安全なものなんて！」という返事。「米とか、にかわとか、天然素材のものを使うか、そもそも接着剤を使わないほうがいいんじゃないですか？」と言われて、「それはそうだね！」と納得。だからぼくは、接着剤を使わないおもちゃが好きなの。少ないパーツでできているほうが、継ぎ目から壊れたりしなくて、耐久性の面からもいいし。接着剤を使うと「なめてもさほど害はない」とまでは言えるけれど、「１００パーセント安全」とは言えないもんね。

おもちゃの塗料の本、買って読んだら難しかった。

安全性のことを考えると、色は塗らないほうがいいと思って、ぼくのおもちゃには、最初は色をつけてなかったの。でも、お客さんから「色つきはないの?」と言われて、「じゃあ塗るか」って。色自体は、発色がはっきりしているけれど、木の質感が残るものがよかった。あと問題は、「ちいさい子はなめるから、口に入っても安全でないとなあ」ということ。勉強のために本を買って読んだら、すっごく難しいわけ。いちばん薄い本でも、わかったのは塗料の連合会みたいなものがあることだけ。そこに電話をして、「こういう理由で安全な塗料を探しています。おしえてください」と言ったら、最初はおしえてもらえなくて。

ちょっとイライラしながら重ねてお願いしたら、そのひとはいいひとだったんだろうね。「会としては中立の立場だから、特定の企業をおしえられないんだけれど、個人的に1社おしえします」って。

おしえてもらったところへ行って、安全な塗料について聞くと、「安全性をクリアした水性塗料はあっても、それを落ちないようにコーティングする塗料には、安全性をクリアしたものがない」と。でも、そうしたらね、その企業がすぐに開発してくれた。「おもちゃのことで塗料について尋ねてきたのは、あなたでふたりめです」って言われた。塗料のことも勉強になったし、自分ではつくれないから、本当に助かったわけ。その企業としても、そういう塗料を開発するきっかけになったみたいだから、きっとよかったよね！

つくれないものは任せる。工場のひととはお酒を飲む。

ぼくがはじめて工場に依頼したのは、〈カラコロ自動車〉の玉。どこにどんな工場があるかも知らなかったとき、立ち寄った那須高原の木のおもちゃ店のひとに「小田原には箱根の木工細工を支える工場がいっぱいあるから、商工会議所に聞いてごらん」と言われて、なるほどと思って電話したのが最初。仕事を頼んでいるうちに、ほかの工場の特徴も知るようになったの。

接着剤や塗料はもちろん、パーツや製作そのものを任せることになる工場とのつき合い方も大事だよね。工場によってそれぞれ得意な加工技術があるから、そこを理解する。

個人的には「このおもちゃは、この工場にお願いしたい」と最初から決めるようにしている。そうすると、現場の職人のモチベーションが全然違うから。そのためには、やっぱり仲よくなって、相手の得意不得意を知っておかないといけない。ぼくは小田原の多くの工場のひととお酒を飲んでるよ。

飯能に移った頃から、園からおもちゃ以外の製作も頼まれはじめた。たとえば、家具。保育士の自主的な研究会があって、そこでおもちゃを販売していたときに、「片づけられるベンチ、考えてくださらない？」と言われたの。ぼくは「家具をつくる」とはひとことも言ってなかったんだけれど、「収納するベンチ」を開発。それから家具製作の依頼も増えたね。家具はぼく自身でつくるまではできないので、近くにある家具工房にお願いしている。ドイツの幼稚園に頼まれたときは、送るより安いしラクだから、図面だけ渡して「そっちでつくって」と。

「たのしかった」と返されるから、「たのしかった?」と聞かない。

飯能へ移った後、おもちゃ作家の集いにも出るようになった。ほとんどのおもちゃ作家って美術系大学を出てるから、自然に「ワークショップ」なんて言うんだけど、ぼくはそれが「工作教室」のことだなんてはじめて知るくらいで。

自分はどんな工作教室をしようかなと考えたとき、子どもに足並みをそろえさせて、順序立てておしえるのは、たのしくないなあと思って。その工作教室で何が得られるのか。子どもたちこころの底からたのしめるかが大事でしょ。ぼくの工作教室では意識的に、子どもたち一人ひとりが「好きなように、好きなだけ、好きなときに」つくってもらうようにしている。

工作教室でとくに気をつけているのは、子どもへの声かけ。たとえば、終わるときに大人が「たのしかったですか?」と聞けば、子どもはかならず「たのしかった」と返す。でもそれは大人の自己満足なんだよね。子どもたちの笑顔だけで充分。

ぼくの木工「自由工作」教室は、材料を用意するだけ。そこに板は入れないの。そうしないと、みんな板の上に何かをつくり出して、家のできる率が高いわけ。子どもたちが「こういう材料ない?」と聞いてきたら、「ないけど、つくってみたら?」って言う。どうしてもつくるものが見つからない子もいるから、そういうときの声かけも必要だよね。ぼくは「ヘンなものをつくれ」と言う。大人から「これ何?」と聞かれたら、「アートです」と答えればいいから。

ぼくは工作しているときに、親や大人から、「ああしろ、こうしろ」「これはダメ、それもダメ」と口出しされたことはないの。マイナスなことを言われなかったのはすごくよかったし、そのおかげで自己肯定感が強い。

でもいまの子どもたちは、ぼくが何も言わないようにしていても、すぐに親に口を出される。ボンドをつければ「はみ出すって言ったじゃない」、工作ができた後で「もっとこうすればよかったのに」。もっとひどいのは「うちの子、工作はダメなので」。そんなふうに言われると、子どもはやる気をなくすわけ。だから、親には「絶対に口を出すな」、子どもには「もし口を出されたらぼくに言って。叱ってあげるから」と言う。親が味方になってくれないなら、ぼくが子どもの味方になってやる！って ね。

子どもにはお手本を見せたり、いい道具や充分な材料を用意して環境を整えることのほうが大事。たかが工作でいやな思いをして自信をなくしたら、ほかにも影響するんだよ。それなら工作で自信をつけて、ほかのこともがんばれるほうがずっといい。自由工作が終わったら、ぼくは「工作の達人認定証」を子どもたちにあげるの。そうすると、子どもたちは自分が誇らしいわけ。「工作の達人は自分でおもちゃをつくれるから、アレ買ってなんて、おもちゃをねだったりしないよね」と言うので、親たちにとっても悪くないはず。

工作の達人認定証
"master of handicraft" certificate

殿

あなたは楽しく工作をすることができたので
工作の達人として認定します。

年　月　日

Toyクリエイター　野出正和　正野和出

www.muku-studio.com

アイデアは「こころのポケット」から飛び出して降りてくる。

とにかく必要なのは好奇心。好奇心をもってやらないと、経験を貯める「こころのポケット」が増えないし、「こころのポケット」がたくさんないと、そこから生まれるはずのいいアイデアが降りてこないと思っている。だから「こころのポケット」というものは、ぼくにとってすごく重要。勉強して知識だけ頭に入れても、こころが動いていないと、アイデアにはならないんだよ。「こころのポケット」を増やしておけば、必要なときや思いがけないときに経験が発想になって飛び出して、「アイデアが降りてくる」生き方ができる。ぼくは、誰よりも「こころのポケット」が多くて重いと思っているよ。

それでもアイデアが降りてこないときは、刺激が足りないとき。常に刺激がほしいから、出張が続くとうれしくてうれしくて！

「アイデアが降りてくる」生き方のコツは、大人にならないこと。つまり、子どものように好奇心をもつこと。純粋だと、いろんなことに目がいくじゃん。視野が広いわけだよね。逆に、こころがぎすぎすしていると、目の前のことにも気づかなくなっちゃう。たとえば新幹線だと見えないことも、歩くと気づくでしょ。子どもたちって視野が広い。よくものを拾うし、おもしろい雲のかたちにも気づくし。だから、子どもたちに言われてうれしいのは「大人気ねーな」のひとこと。どんなことばより、子どもたちから認められてる気がするんだよね。

ぼくは、ぶれていろんなことをやってるように見えるかもしれないけれど、子どものことを考えて、子どもの環境をつくるという軸は一貫しているんだよ。常に子どもたちの味方でいるようにしていることも、そのひとつ。すごくひと見知りな子でも、ぼくとは一瞬で仲よくなることがよくある。息子が小学生のときは、息子の友だちから一緒にあそびに誘われていたくらい。なぜなら、ぼくは大人としてでなく、人間としてその子たちに接するから。ケガさせるようなきわどいことはもちろんしないけれど、ドッジボールなら足元へ難しいボールを投げる。野球のときは普通の道具だと危ないから、特製の竹バットをつくって、ゴムボールでフルスイングができるようにしたな。子どもとはいつも全力であそぶようにしているから、ぼくも子どもも超たのしいんだよ！

「思い出」に時間をかけてきたこと、間違いなかったと思う。

実は、妻とは離婚してしまったんだけど、息子と娘ふたりとはいまでもよく会ってるの。ちいさい頃に「テレビゲームであそぶのとイルカと触れ合うの、どちらがいいか」で決まった沖縄旅行にまた行きたいと、下の娘からは言われている。思い出づくりに時間をかけてきたこと、間違いなかったと思えるよね。

ぼくは、子どもたちにとって「大人になるハードルを下げる係」でいたい。「係」って、クラスで「みんなのお手本になるひと」だったでしょ。上から指示するんじゃなくて、できるからお手本になるよ、というくらい。ぼくを見て、「全力であそべる大人になってもいいんだ」と思ってくれたら、本当にうれしいよね。

野出流
「理想の子ども部屋」

子どものために、「理想の子ども部屋」をつくってあげたいという思いがいつもある。そこにぼくは、こんな看板をつけた。「アトリエ」という響きだけで、がぜんたのしくなってしまう。子どもごころが棲んでいる気がするんだな。

机・作業台スペース

「つくるための場所」があるだけで、
ワクワクしてくる。

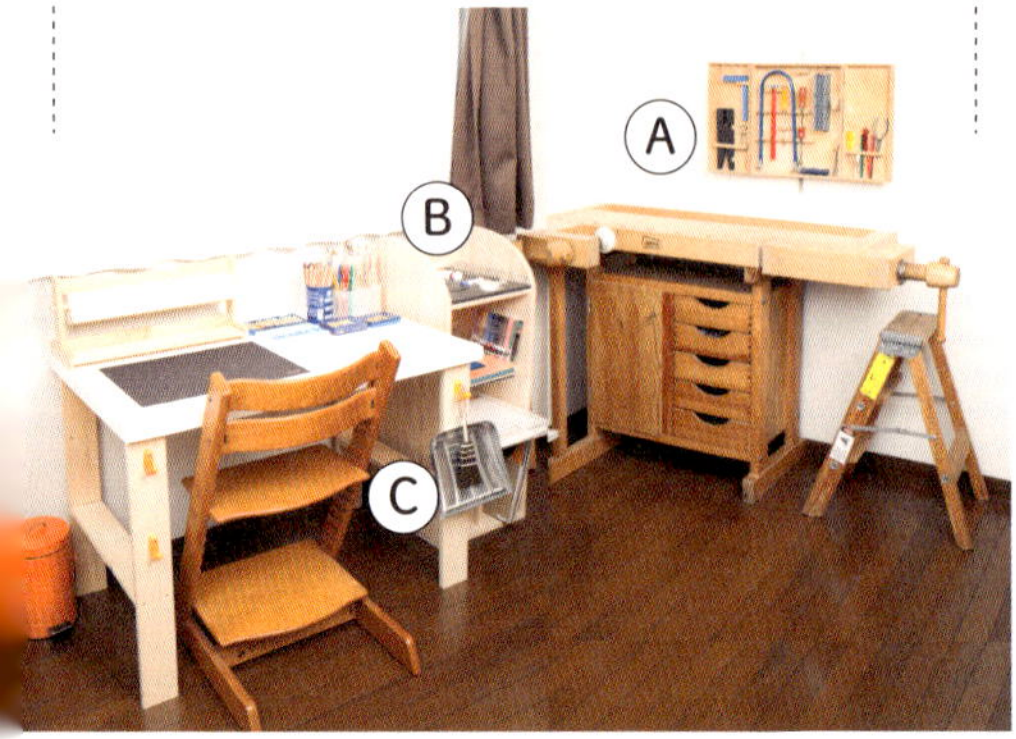

「子ども部屋」を、どう仕分けるかにも夢中になった。①つくるためのスペース、②大好きなおもちゃや絵本など、宝物をとっておくスペース、③素材を使いやすく並べておくスペースは、おやじの影響もあるかもしれない。

道具は、戻す場所が決まっていることが肝心。道具一つひとつに合わせて、自分をスポンジをくりぬいて、道具がきっちり収まったときは、気持ちよかった！

使う道具は、ぜったいにプロ仕様にしたい。上は、ドイツで見つけてきた道具箱。下は、スウェーデン製の作業台。この作業台なら、本格的な工具を使って、思い切り作業がしたくなるだろう！

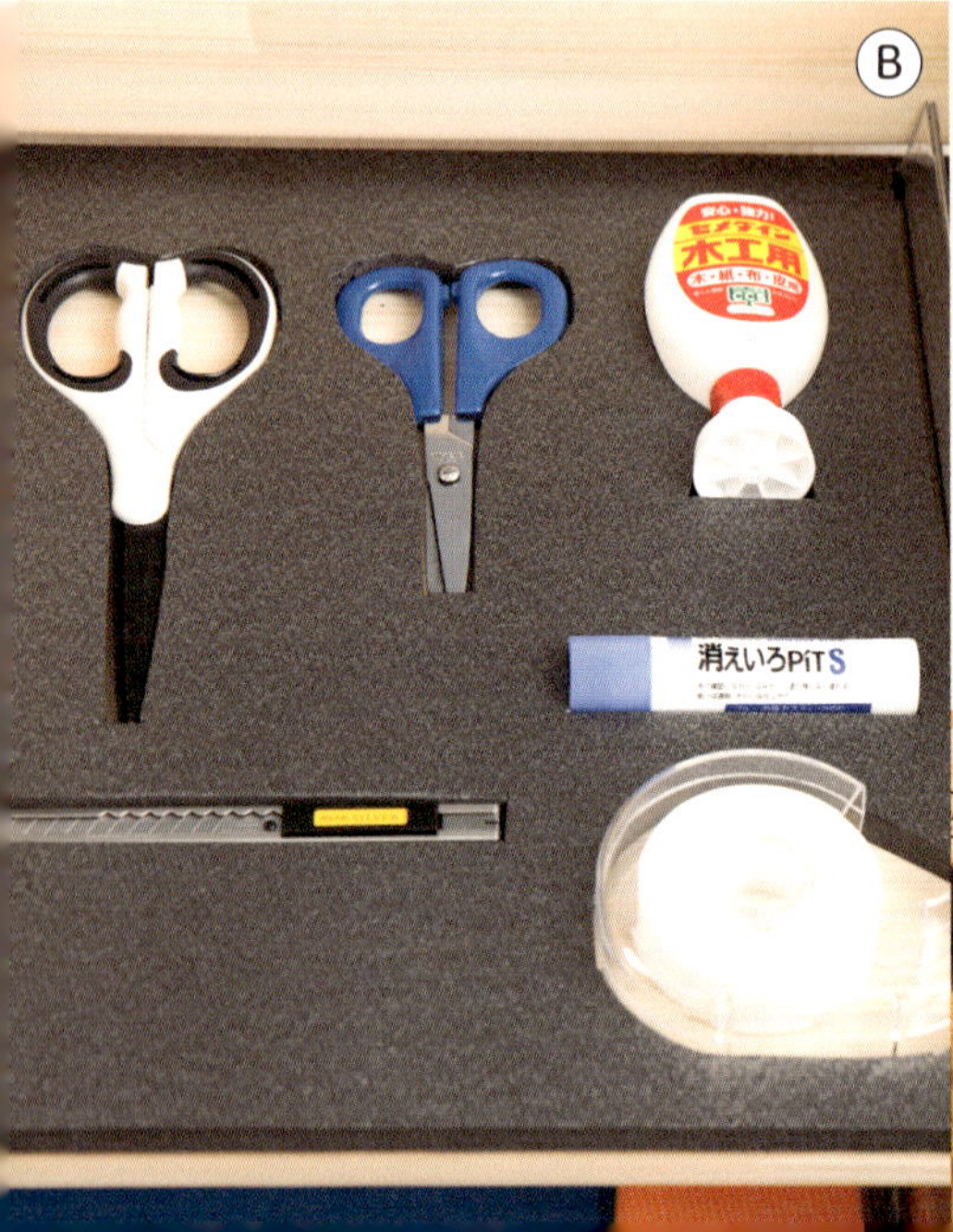

素材スペース

いろいろな素材を、
使いやすいように並べておく。

宝物スペース

想像力が育つおもちゃと絵本が、
いつの間にか集まってきた。

おもちゃは、工夫しだいで、あそびが広がるものがいい。絵本もそうだから、キャラクターものはひとつもない。「いつか絵本をつくってやる」という気持ちが日に日に高まってきている。

机の周りには、描いたり切ったりする道具が、すぐ手が届くように並んでいる。汚れたらすぐ掃除をして、いつもきちんとしておくようこころがけている。ほうきとちりとりは必需品だね。

Ⓔ

素材は、同じ種類で集めるようにしている。わかりやすいし、見た目がきれい。上のように、ビンのふたを板にネジで留めたらご覧の通り。ちょっとした不思議な材料棚だと思わない？　テープ類やひも、ストロー、フェルト、木片など、ディスプレイをするのも好きだね。この素材スペースにいるだけで、「つくりたい！」気持ちが湧いてくるんだな。

Ⓕ

工作

シンプルで広がる工作

うまくなっちゃう工作

「道具の使い方」で工作は劇的に変わる！

道具の正しい使い方のことを、ぼくは「プロの使い方」と呼んでいるの。最近は大人も、なかなかおしえられないんだよね。使い方が理解できれば、使いこなせるまで扱うだけ。ぼくが目指す「たのしくつくっているうちに、いつの間にかうまくなっちゃう」工作、はじまりはじまり！

カッター

百円ショップで売っているようなものではなく、高くても切れ味のよいもの、手に合う大きさのもの。刃は、切れ味が悪くなったと感じる手前で折るようにしたい。カッターとはさみの使い分けは好みによって。

カッターを使うとき

刃を動かす直線上に手を置かないことが、基本中の基本。

カッター名人になろう!

あいうえお切り抜き

用意するもの

★カッター
・ちらし（文字がたくさんあるものほどたのしめる）
・段ボール（好きな大きさのものを台紙にする）
・色つきの紙（台紙に貼る）
・ボンドもしくはのり

ちらしからほしい文字を探して切り抜く。

段ボールと色紙でつくった台紙に、名前と好きな数字を貼ってできあがり。応用編として、50音全部を切り出して、「アートな50音表」をつくるのもおすすめ！　50個の文字を切り抜いているうちに、カッターがぐんぐん上達。

はさみ

カッターと同じく、値段が張っても切れ味のよいもの、手に合う大きさのものを選んで。子ども用や両利き用のはさみもあるけれど、最終的には使う本人が扱いやすいもの、思うように扱えるものを選ぶとよいのでは。

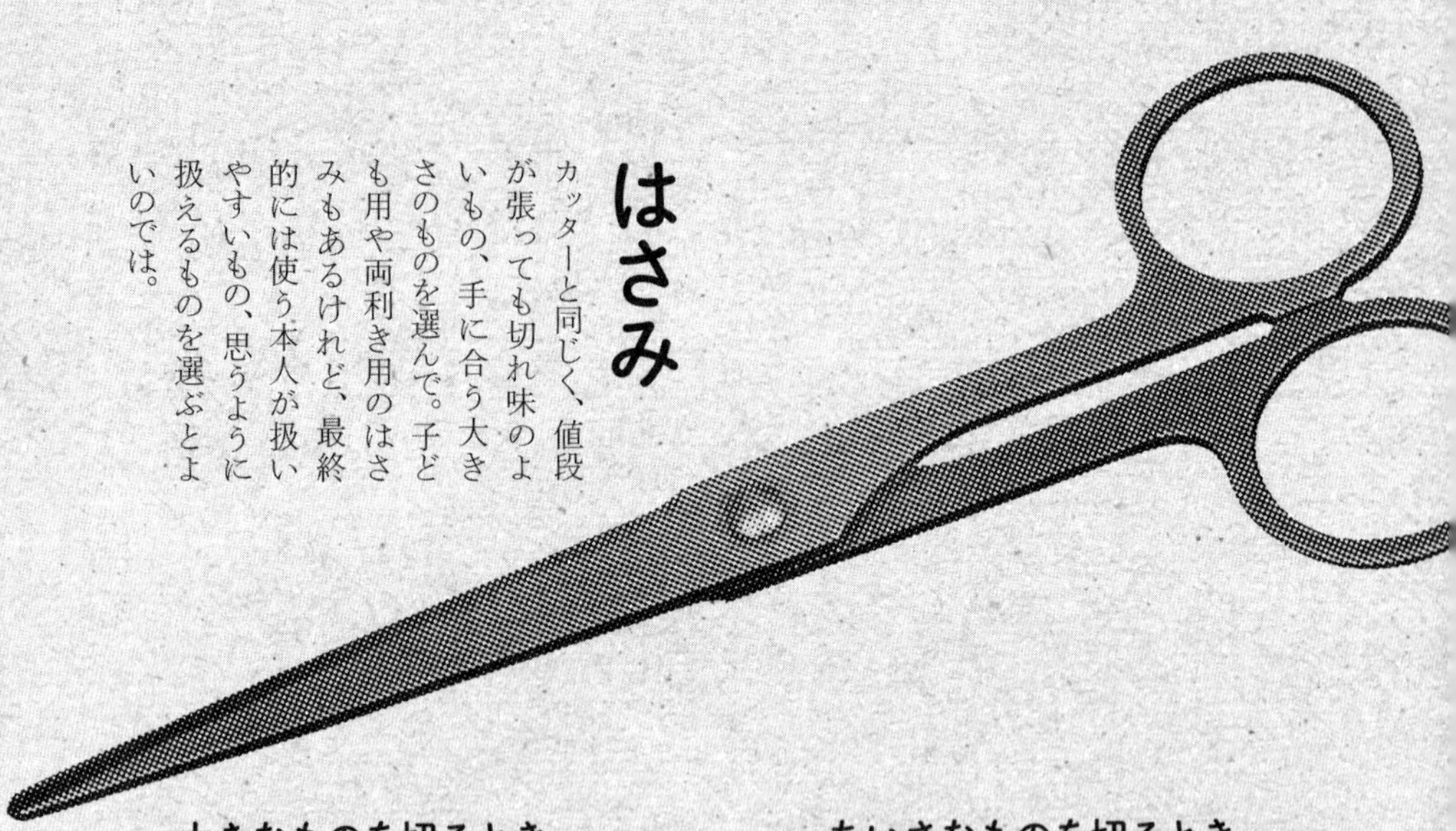

大きなものを切るとき

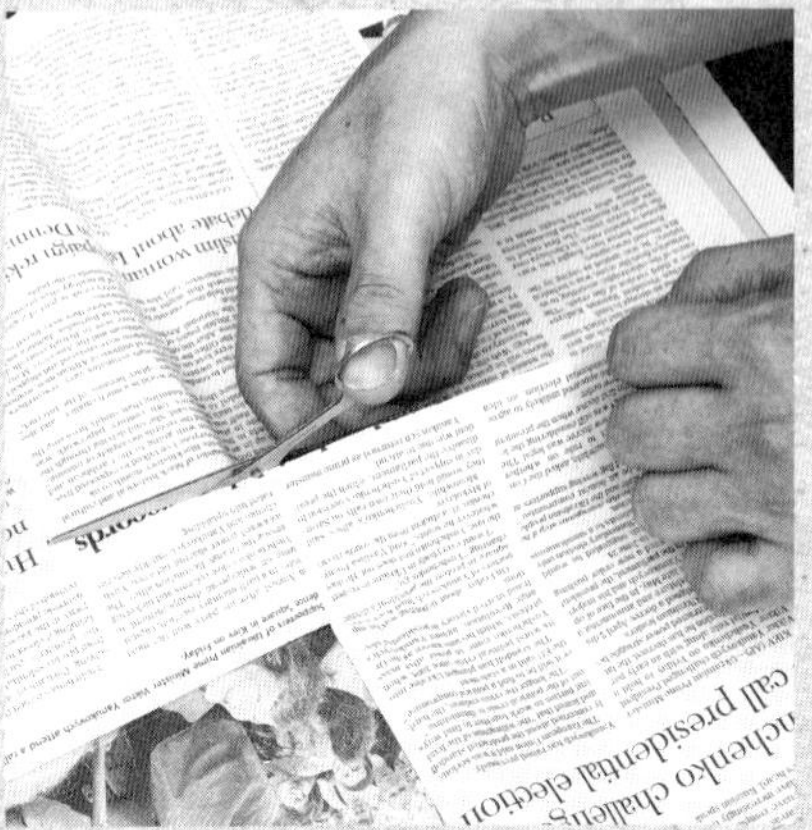

はさみのほうを動かして切る。

ちいさなものを切るとき

紙のほうを動かして切る。

はさみ名人になろう!

紙コップかつらむき

用意するもの

★はさみ

・紙コップ…1個

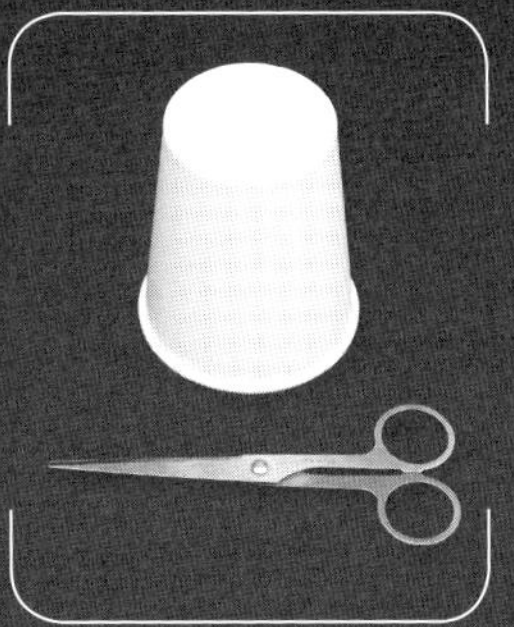

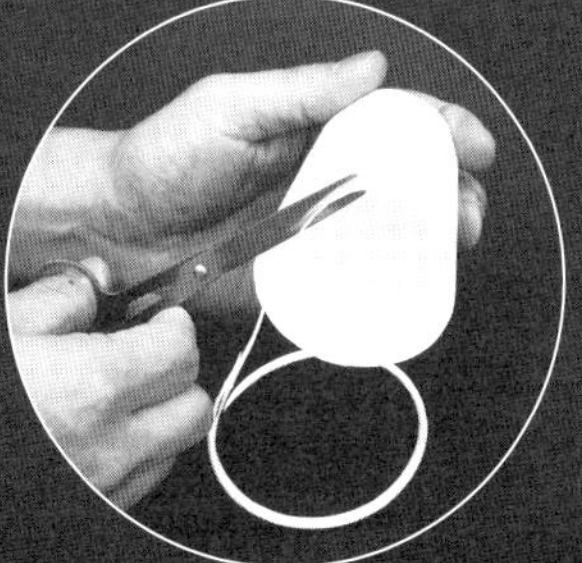

紙コップを、料理のかつらむきのようにまわしながら切っていく。

どれだけ細く長く切れるか、何人かでやってもたのしい!

ボンド

百円ショップのものではなく、ちゃんとしたメーカーのものを。使い方で最近いちばんいいと思っているのは、ボンドをチューブから紙コップに出して、綿棒で塗ってつける方法。つけすぎも減らせるし、後片づけもラク。紙コップは短く切っても、そのままの大きさでも。

くっつけるとき

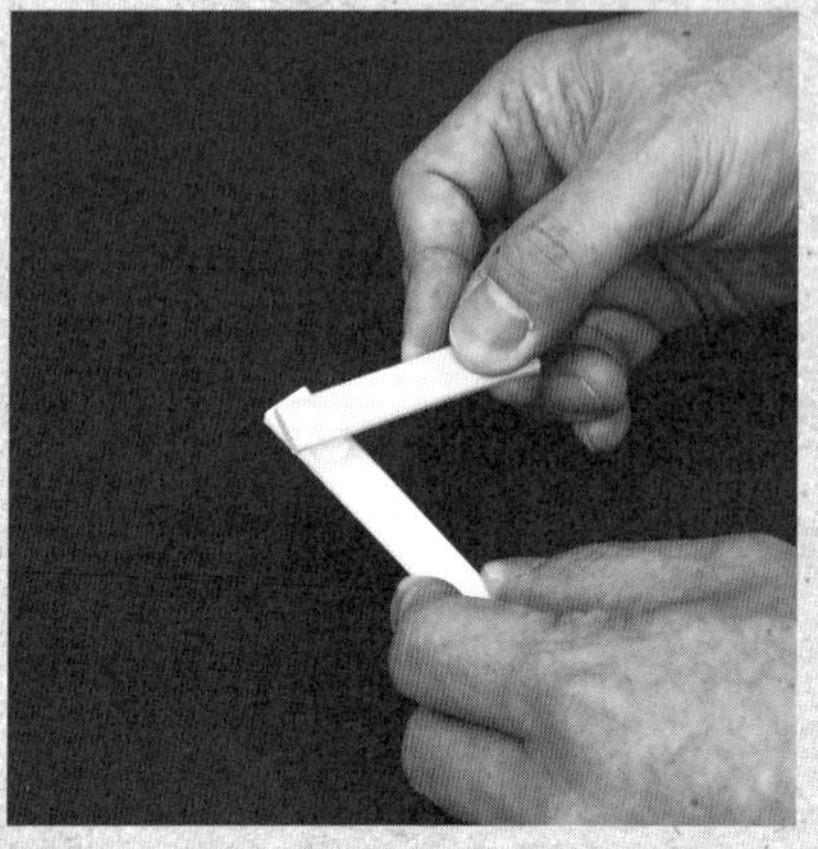

完璧にボンドが乾くには、だいたい24時間かかる。
必要があれば、洗濯ばさみなどで固定して。

ボンドをつけるとき

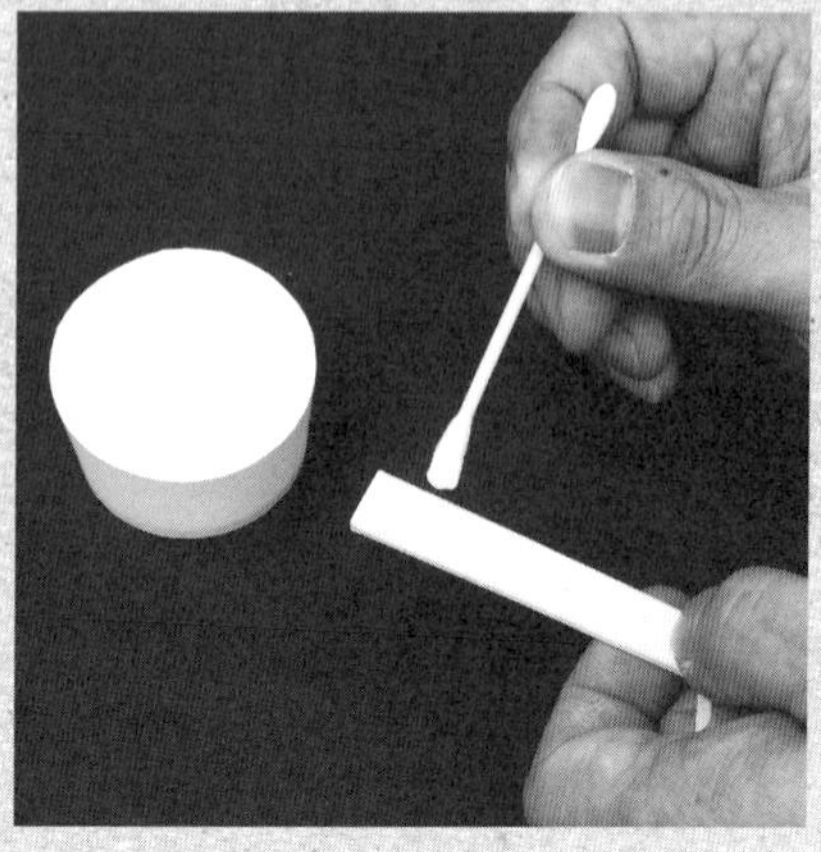

薄く伸ばして、つけすぎないように。
足りなければ足せばいいという気持ちで。

ボンド名人になろう!

割りばしエックス

用意するもの

★ボンド

・割りばし…好きなだけ

割りばしを割り、真ん中にボンドをつけ、エックスの形になるようにくっつける。

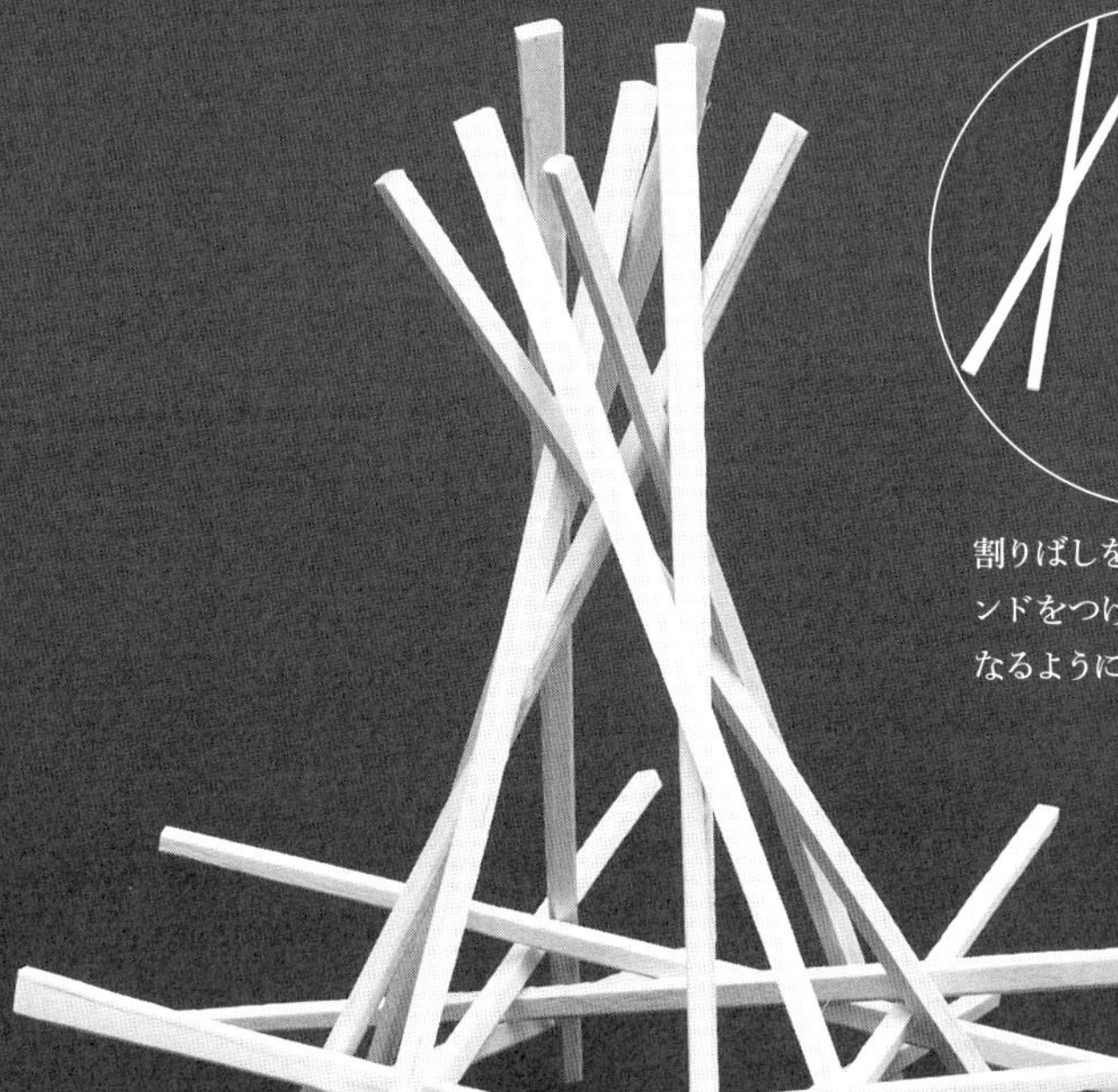

エックスを積み重ねて、ヘンなものをつくろう!

紙コップ、CD、新聞紙、段ボールで

簡単だけど思いつかない！やって見せたくなる工作

おもちゃもだけれど、ぼくは工作もシンプルに。「これだけの材料で、こんなものがつくれるんだ！」「身近にあるものでつくれるんだ！」という工作を思いつくと、もうつくらずにはいられない。シンプルだけど、あそびはじめると夢中になる。最高だよね。アレンジも自由だし！

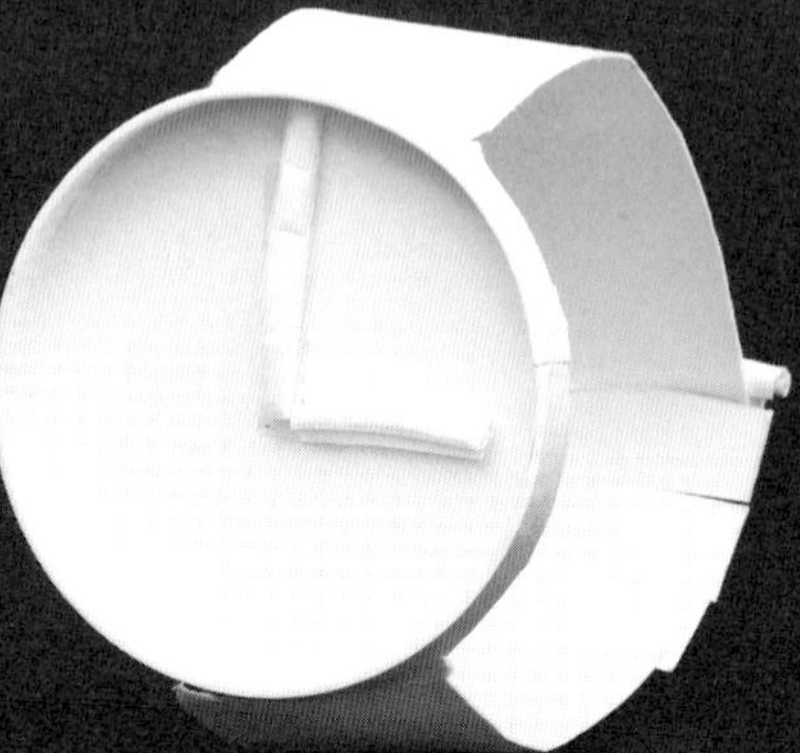

紙コップ腕時計（→p66）

紙コップを使って

積み方は無限大！

紙コップ組体操

用意するもの

★紙コップ…好きなだけ

・色えんぴつやペンなど

好きな絵を描いて、積み重ねたら組体操！

紙コップ

マトリョーシカには負けません

ノデリョーシカ

用意するもの

★紙コップ…7個
・カッターまたははさみ
・色えんぴつやマーカーなど

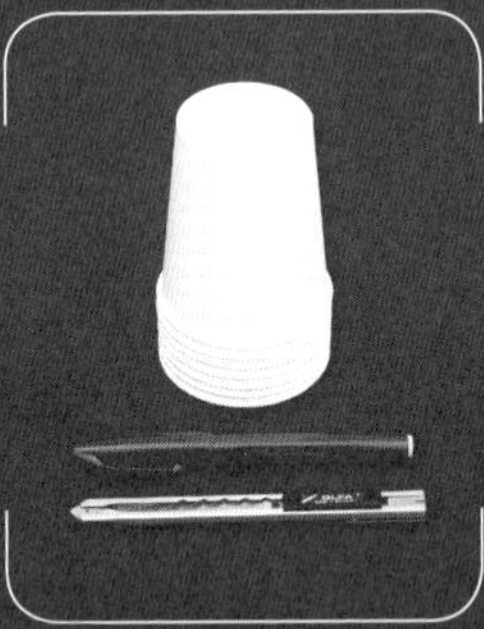

1. 紙コップを重ね、いちばん上のコップからはみ出したところを切る。

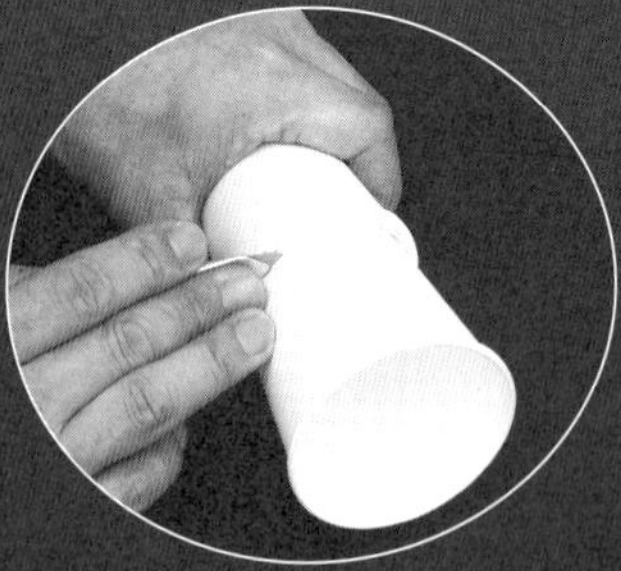

2. そのまま次のコップを重ね、7個目まで同じように。

めがねをかけているところが「ノデリョーシカ」の由来。いちばん背の高いコップに、残り全部がすっぽり。

紙コップ

上からねらって ビー玉キャッチ

用意するもの

★紙コップ…1個

・ビー玉

・カッターまたははさみ

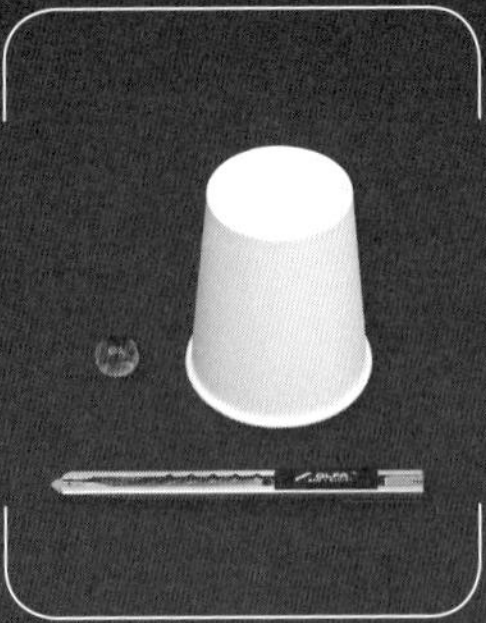

穴をめがけてビー玉を落として……高いところから落とせば落とすほど、難しくなる。

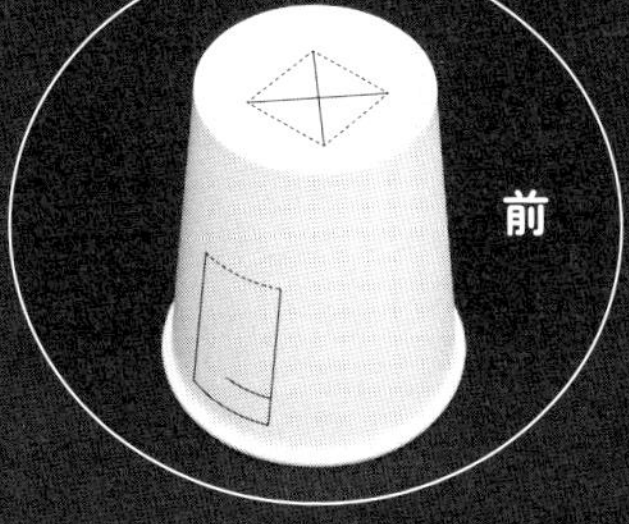

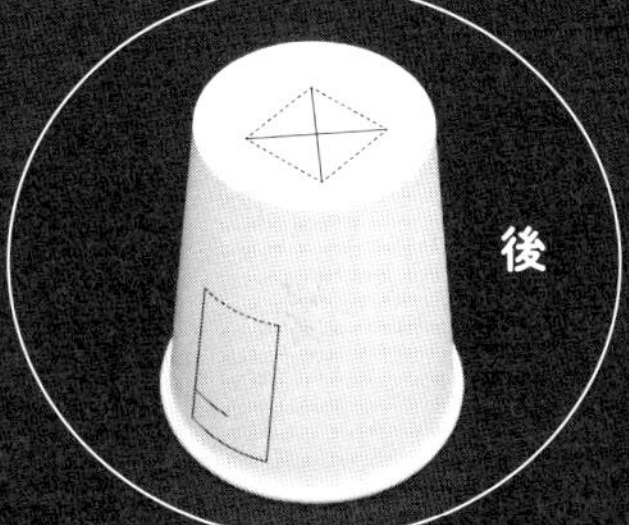

1. 実線のように切り込みを入れる。点線は谷折り。

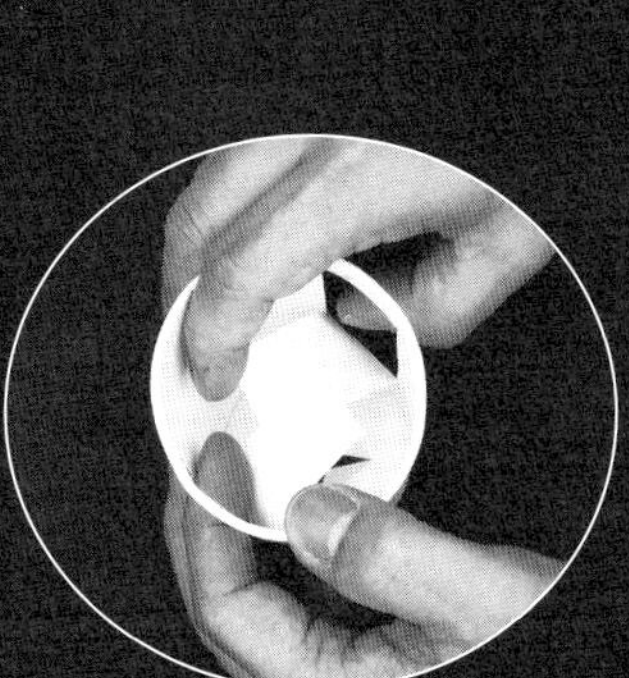

2. ふちに近い部分の切り込みを組み合わせ、ビー玉のクッションにしてできあがり

紙コップ

サイズ調節もできる！
紙コップ腕時計

用意するもの

★紙コップ…1個

・カッターまたははさみ

・両面テープなど接着できるもの

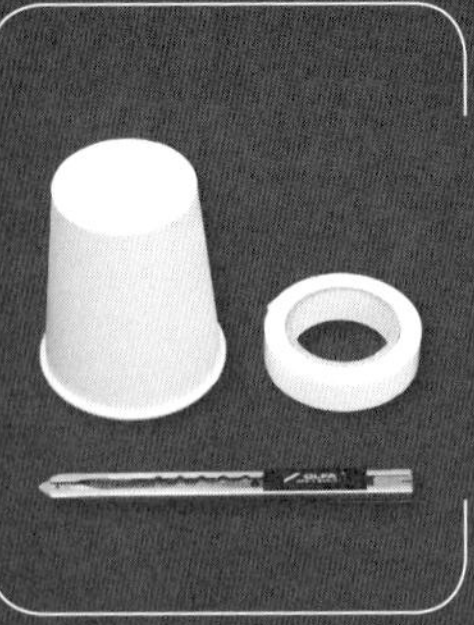

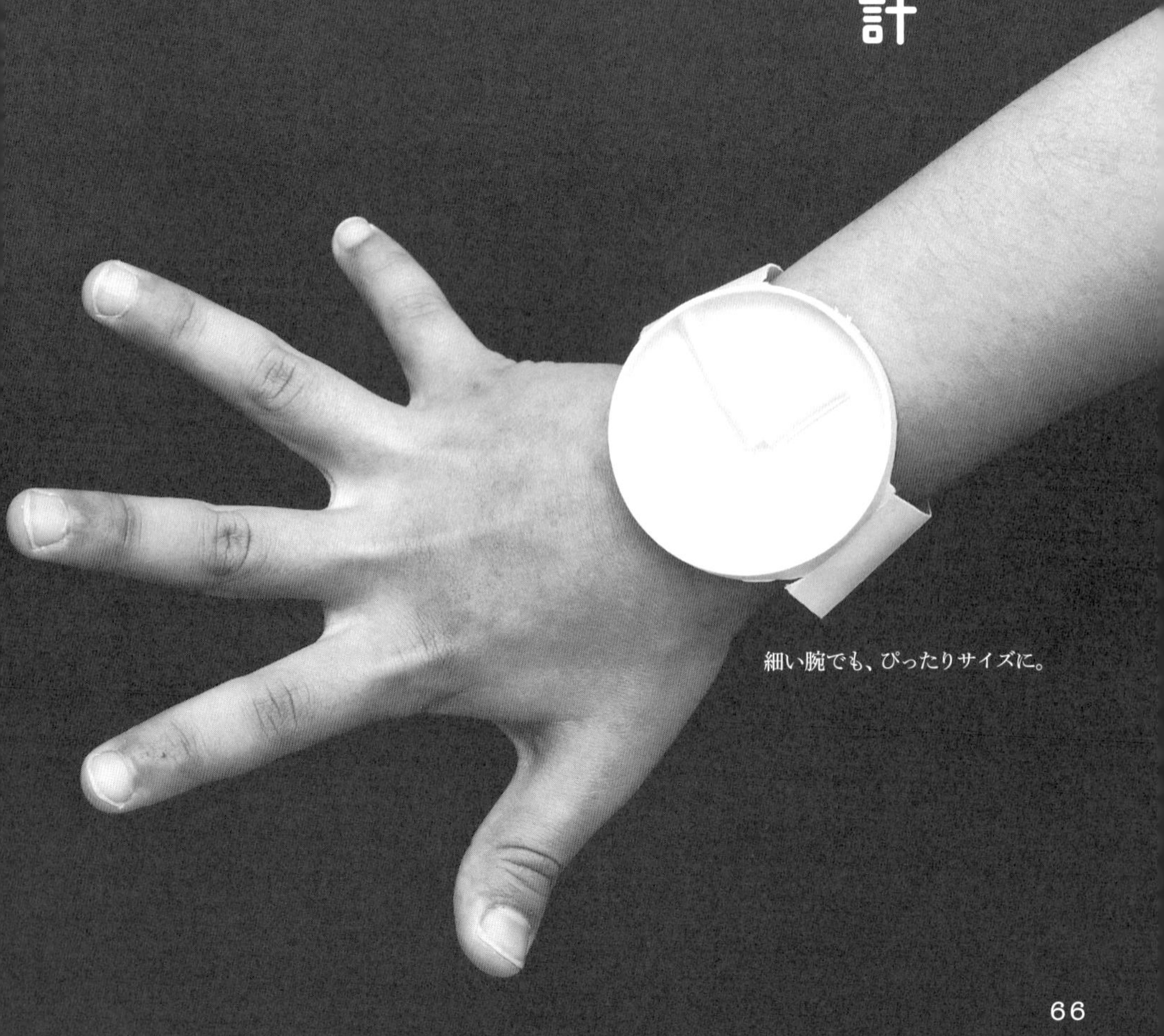

細い腕でも、ぴったりサイズに。

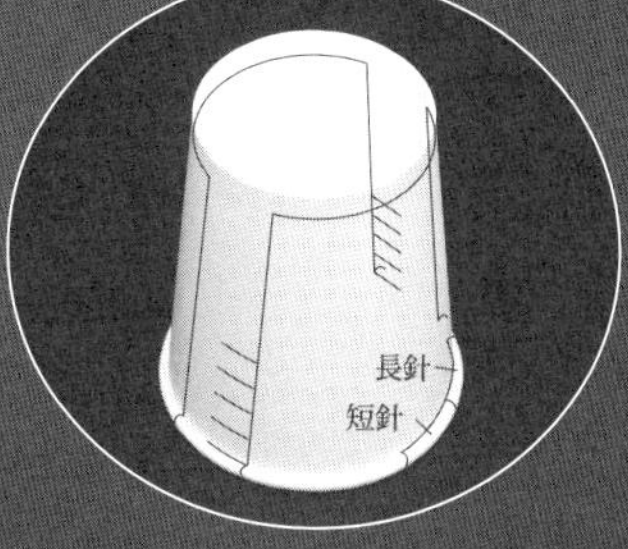

1. 線のように切り抜く。

2. ふちでつくった針を好きな時間に貼る。

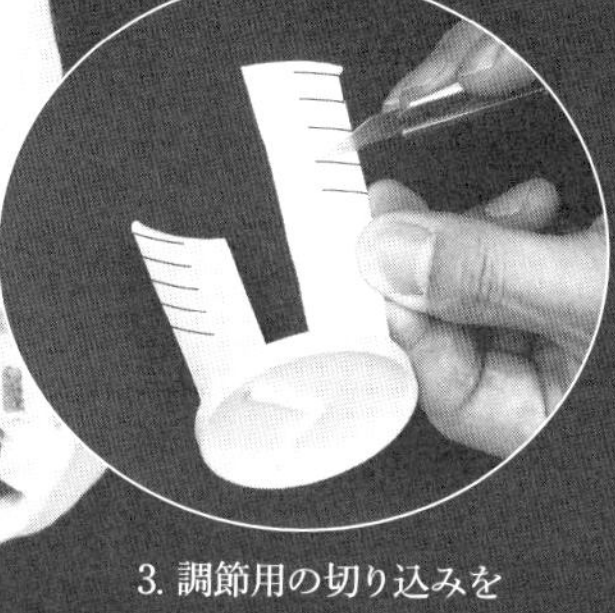

3. 調節用の切り込みを入れて、できあがり。

紙コップ

大小サイズがつくれる 紙コップめがね

用意するもの

★紙コップ…2個
・カッターまたははさみ
・両面テープなど接着できるもの

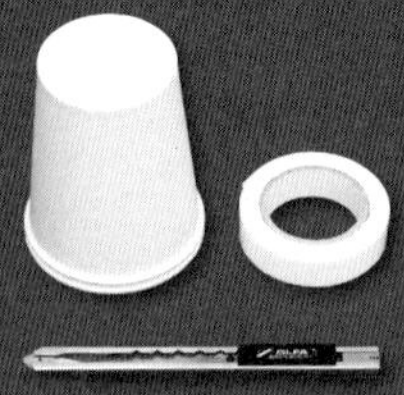

子どもは小めがね、大人は大めがねで。

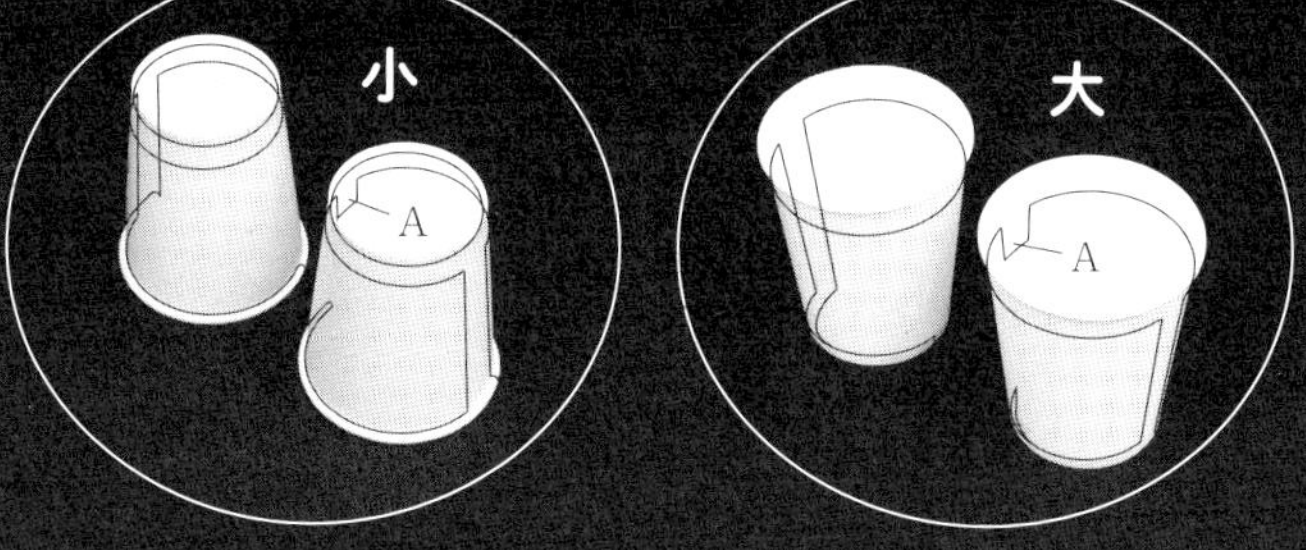

1. 線のように切り抜く。

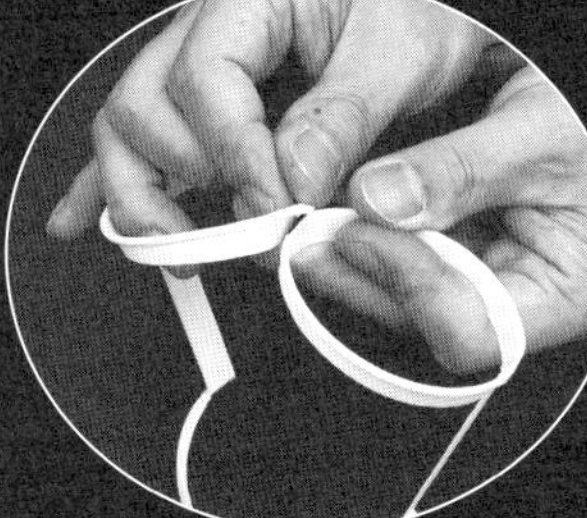

2. Aのつなぎ目で左右を貼り合わせる。
耳にかける部分を外側へ開いて、できあがり。

紙コップ

ユーモラスな顔と動き

紙コップパペット

用意するもの

★紙コップ…3個

・カッターまたははさみ

・両面テープなど接着できるもの

・シールやペンなど

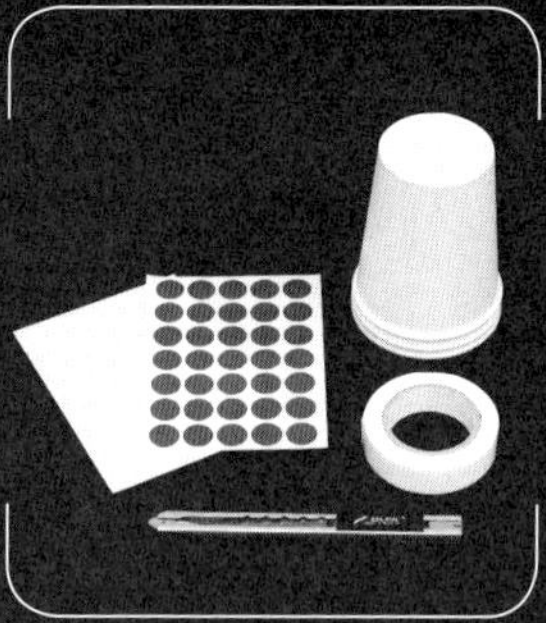

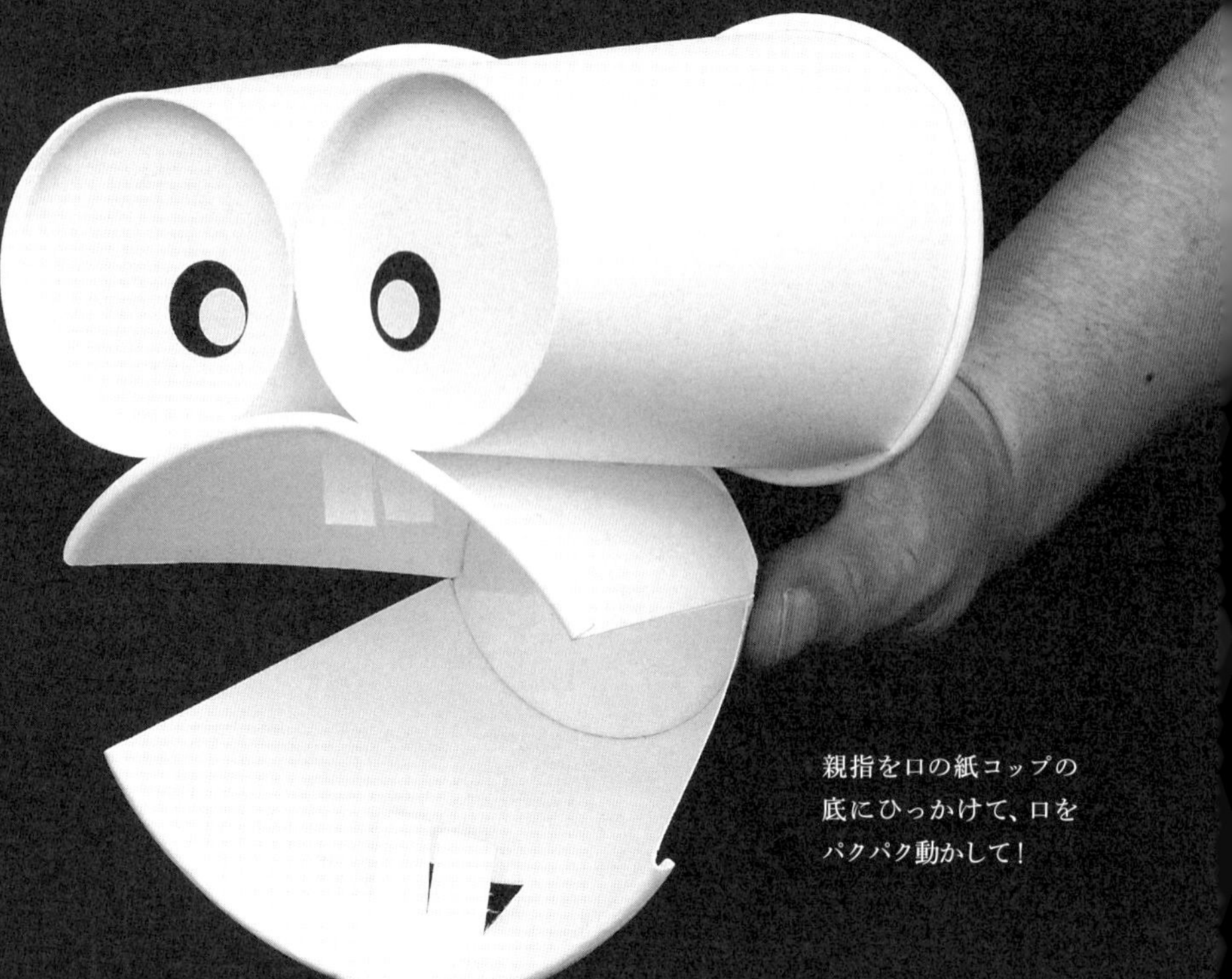

親指を口の紙コップの底にひっかけて、口をパクパク動かして！

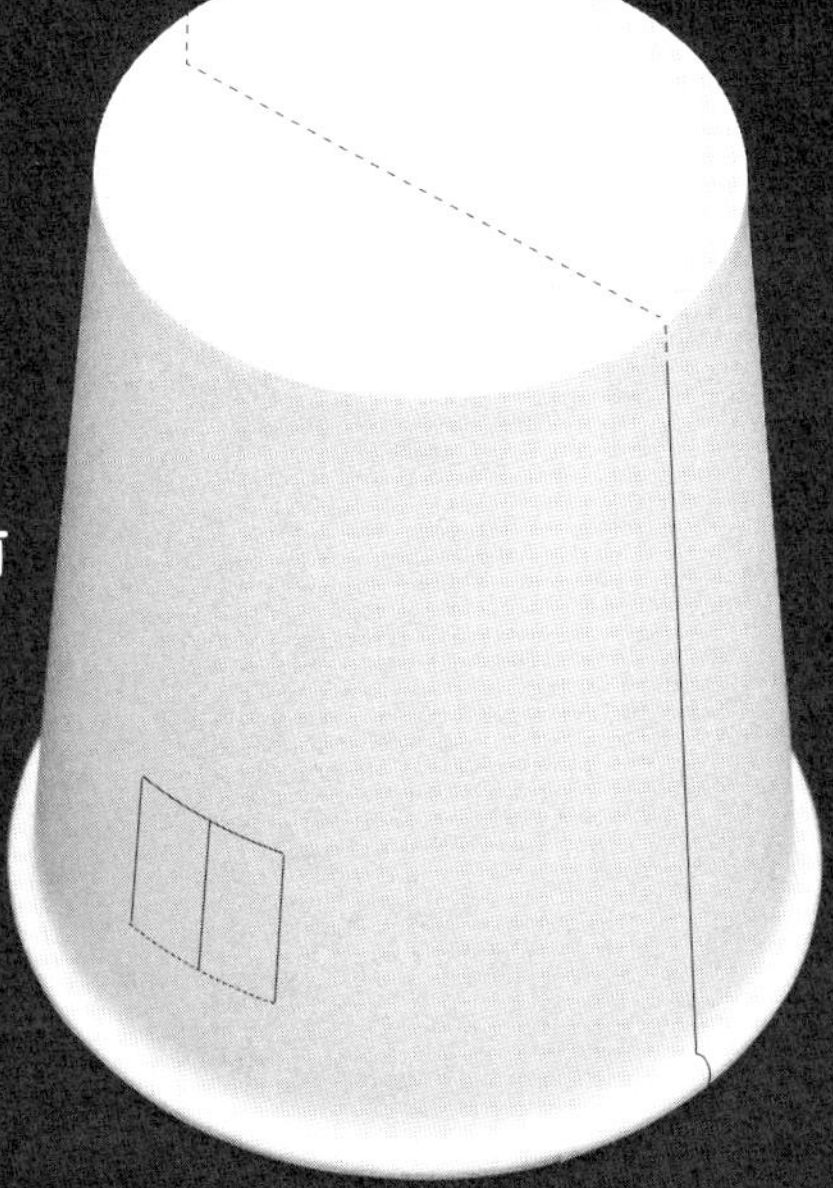

前

1. 紙コップ1個に、実線のように切り込みを入れる。側面の点線は山折り、底面の点線は谷折り。

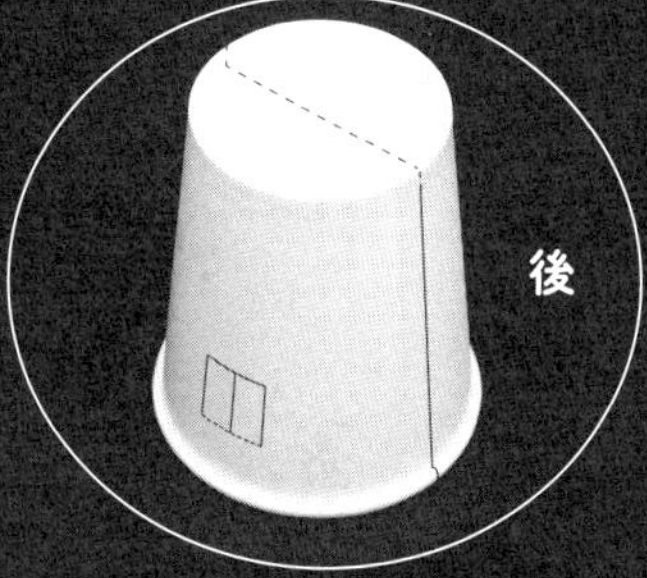

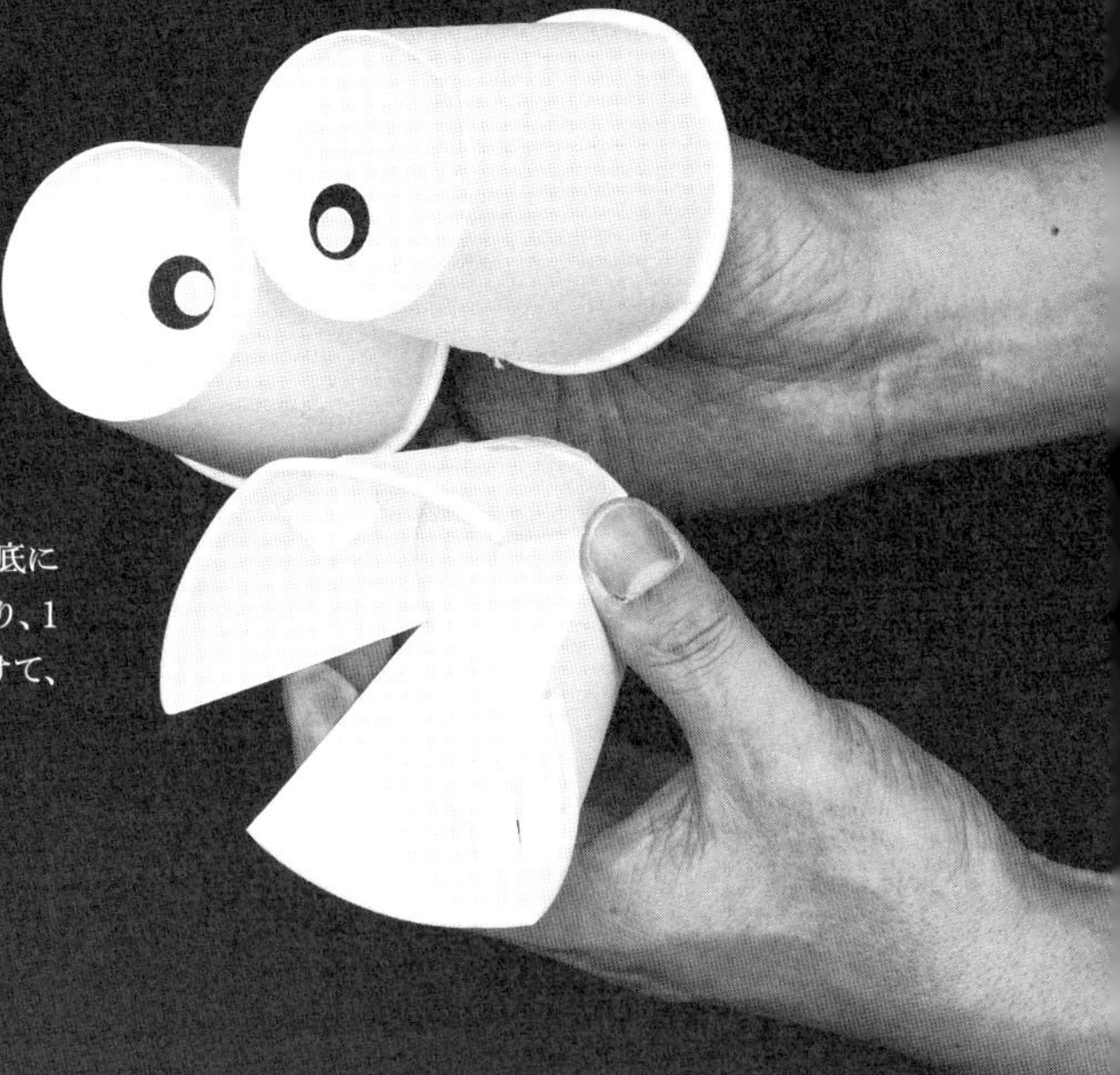

2. 残りの紙コップ2個の底にシールなどで目をつくり、1でつくった口とくっつけて、できあがり。

CDを使って

コツをつかんでまわそう

CDヨーヨー

用意するもの

★CD…2枚
・段ボール（1×30㎝に切り出す）…1枚
・ひも（100㎝くらい）…1本
・両面テープ
・えんぴつ（芯を巻くため）
・千枚通し

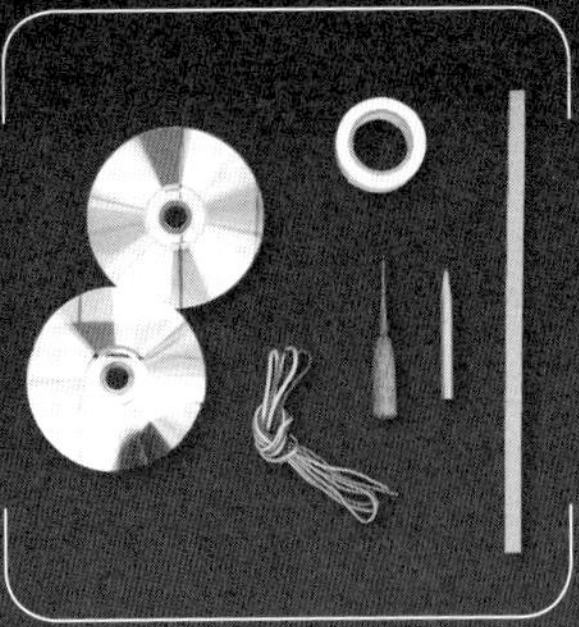

記録面でつくるときらきら光る。無地の面を外側にして自分で模様を描くのもたのしい。

1. 芯にする段ボールをえんぴつに巻きつけ、両面テープで端を留めたらえんぴつを抜く。

2. 外側から中心まで、千枚通しでひもを通す穴をあける。

3. 2であけた穴にひもを通し、中で玉留めする。

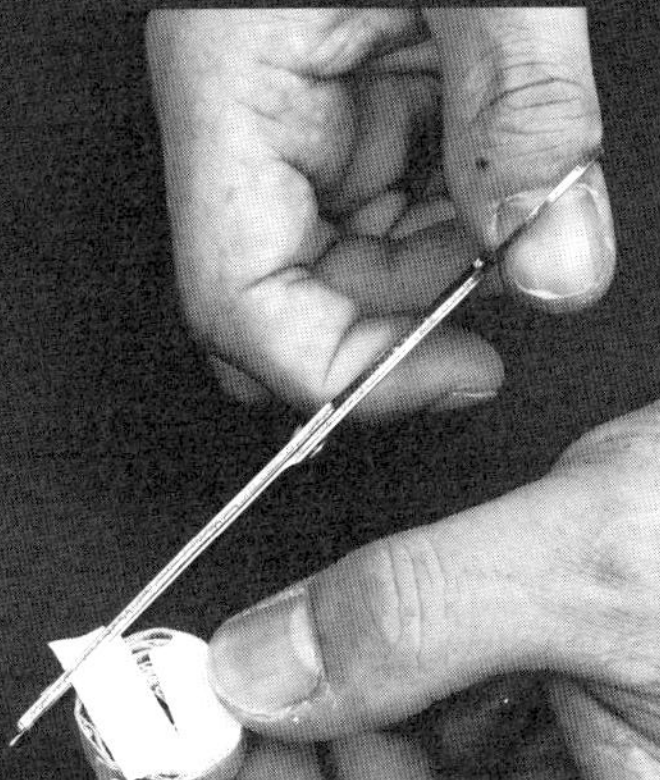

4. 芯の両側面に両面テープを貼る。

5. CDと芯の中心を合わせて貼りつける。反対側も同じようにして、できあがり。

CD

ゴムの力で走り出す！

CD糸車

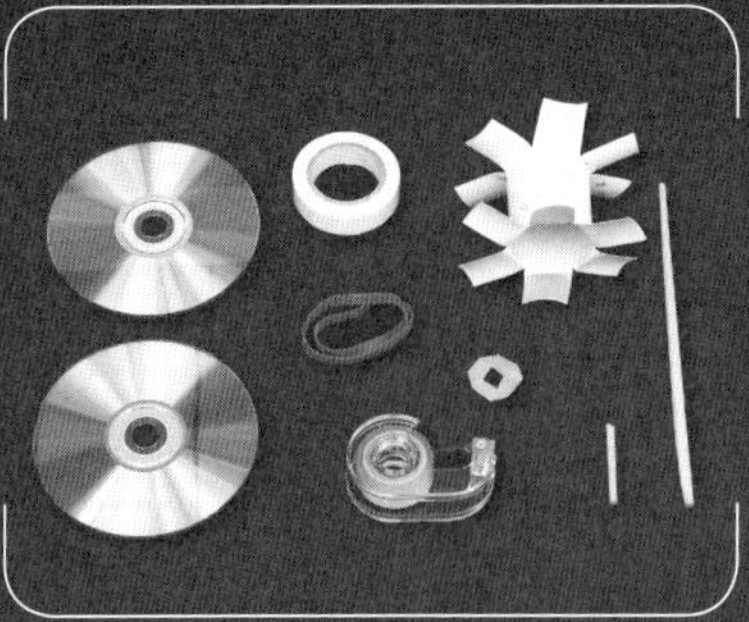

用意するもの

★CD…2枚

・トイレットペーパーの芯（両端3cmに切り込みを6本入れ、外側に折っておく）…1本

・割りばし（割った1本の細いほうを5cm、1本はそのまま）…1膳

・厚紙（3cmの丸に1cmの穴をあける）…1枚

・輪ゴム（太め）…1本

・両面テープ

・セロハンテープ

たくさん巻けば速く、少しだけならゆっくりと走り出す。

1. トイレットペーパーの芯を両面テープでCD2枚に貼りつける。

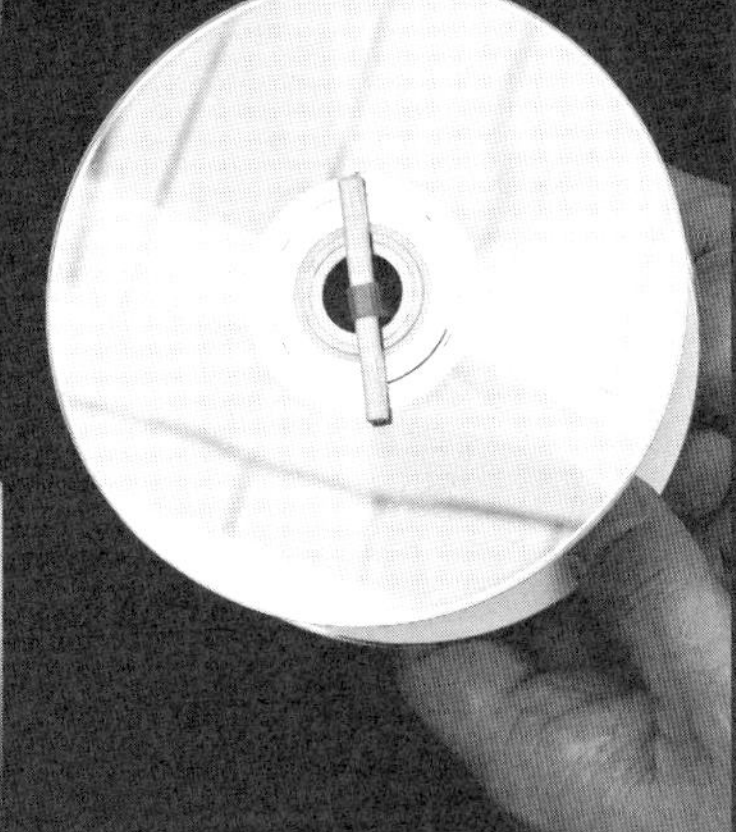

2. CDの穴に輪ゴムを通し、片側に割りばし（短いほう）を通す。

3. 輪ゴムが長すぎる場合は何度か巻きつけて調節し、割りばしを固定。

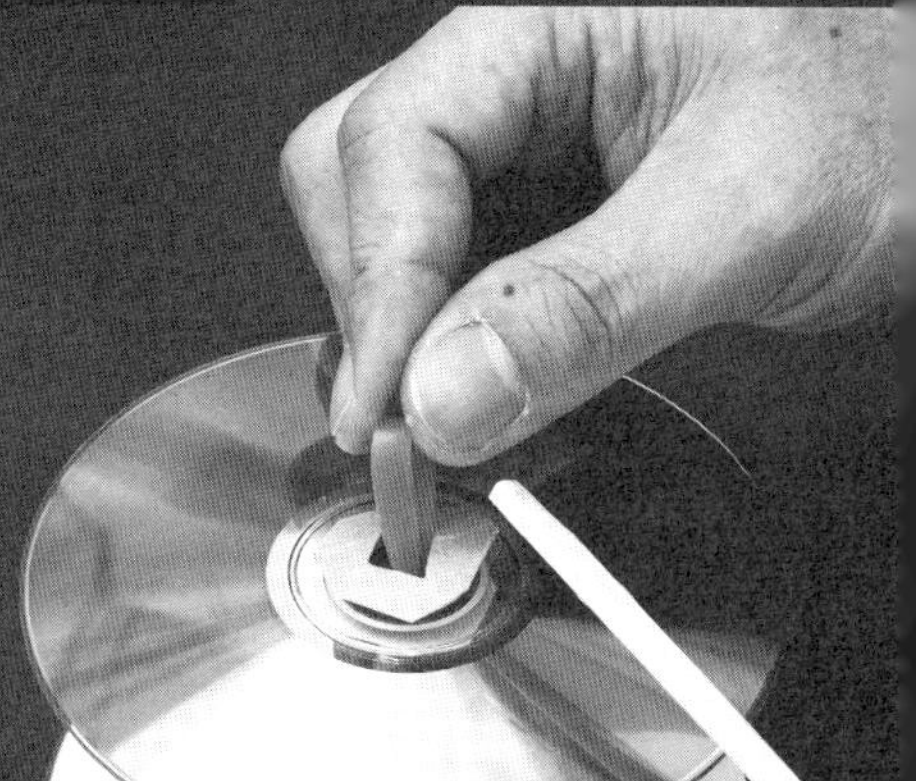

4. 反対側に厚紙と割りばし（長いほう）を通して、できあがり。

5. 長い割りばしをくるくると巻き上げてから床に置くと走り出す。

新聞紙を使って

うまくまわせれば達人認定！

SHINKURU

〈シンクル〉

用意するもの

★新聞紙…見開き1枚

・割りばし（割らないで太いほうから6㎝に切ったものとそのままのもの）…各1膳

・ひも（100㎝くらい）…1本

・ボンド

・はさみ

ひとさし指にかけ、くるっとまわしてあそぶ。まわしながらもう片方の手に渡せれば達人！

1. 割りばし2膳の太いほうを、直角よりやや狭くボンドで貼る。

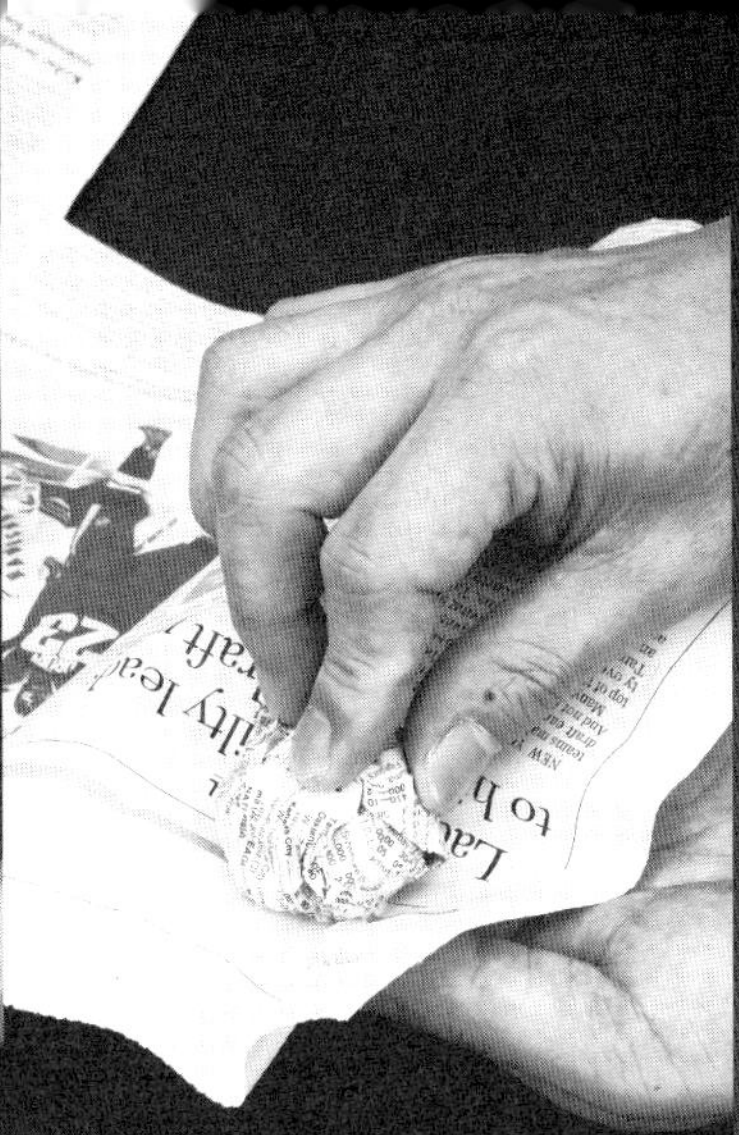

2. 新聞紙を4つに裂き、そのうちの3枚を1枚ずつ丸めては重ねて、ひとつの玉にする。

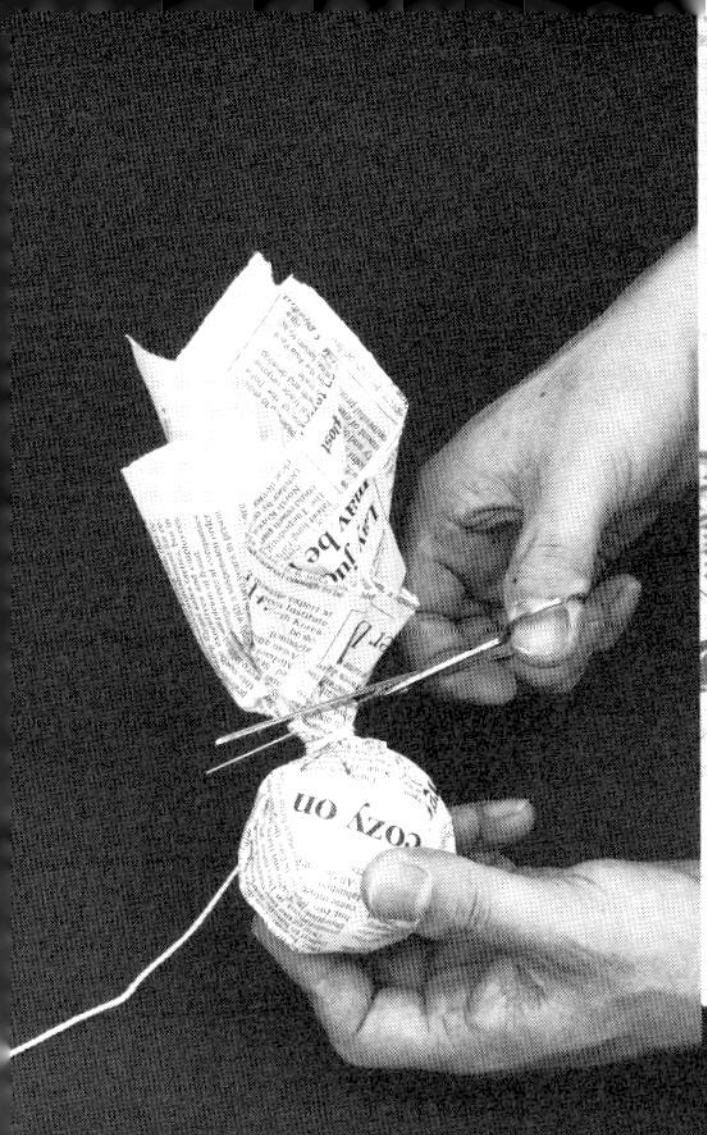

3. 最後の1枚は、てるてる坊主のようにねじり、ひもで縛って余りを切る。

4. 端はきれいに広げて処理する。

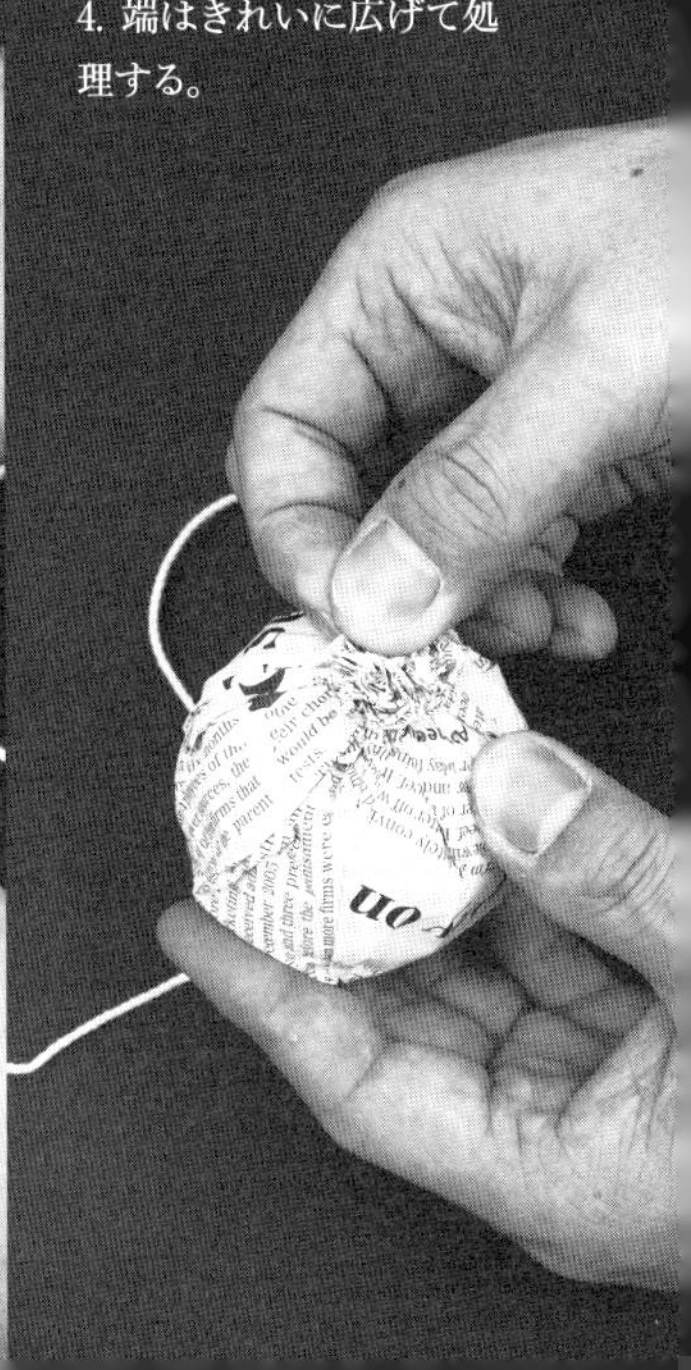

5. 玉から伸びたひもの端を、1の割りばしの長いほうの先にはさむ。

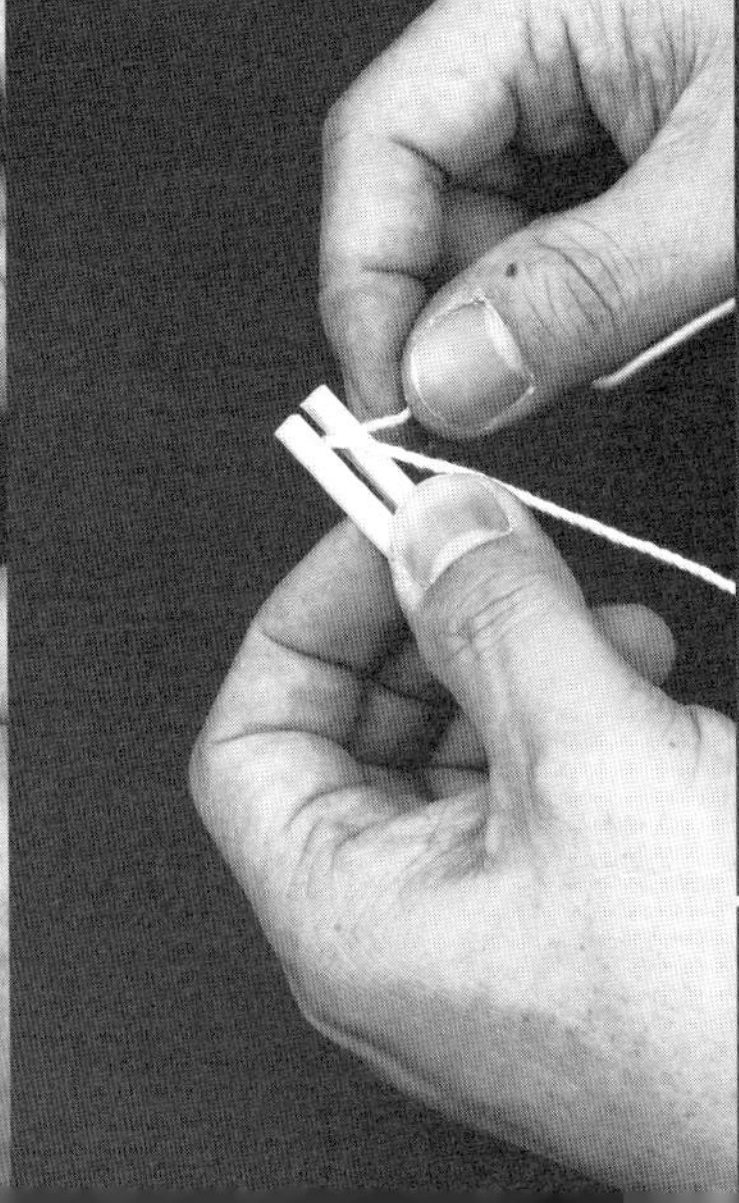

6. 巻きつけるようにしてひもを結びつける。ひもの長さは割りばしの長いほうと同じになるようにして、できあがり。

段ボールを使って

何度でも上手すべり！

段ボールそり

用意するもの

★段ボール箱…1個

・ひも（太め200cmくらい）…1本

・棒（直径1.5cmくらい）…1本

・はさみなど穴をあけられるもの

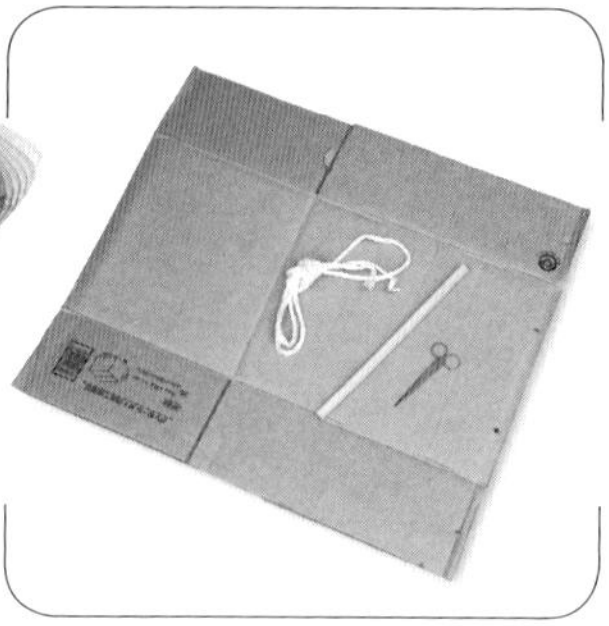

子どもなら複数、大人もひとりなら乗っても大丈夫なくらい頑丈。

1. フラップ（フタ）をすべて内側に折りたたむ。

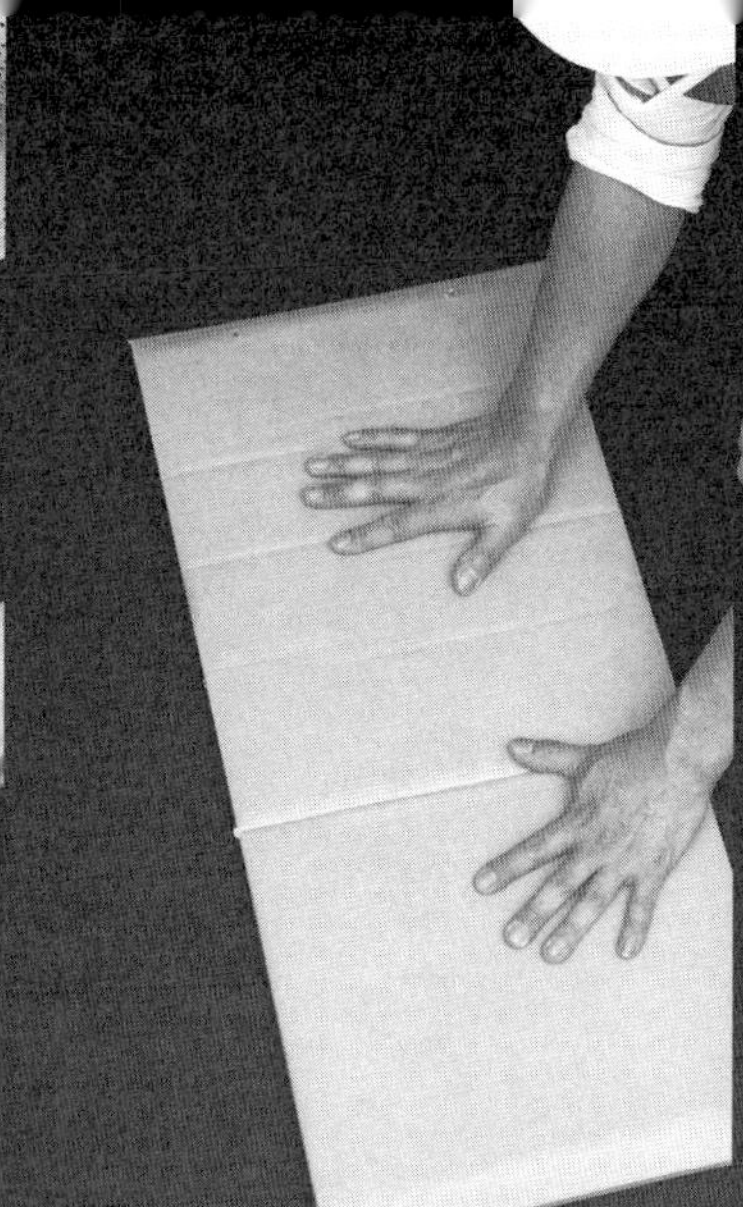

2. 平らにする。

3. 折った端から3～4cm、両端から8cmくらいのところに2つ穴をあける。

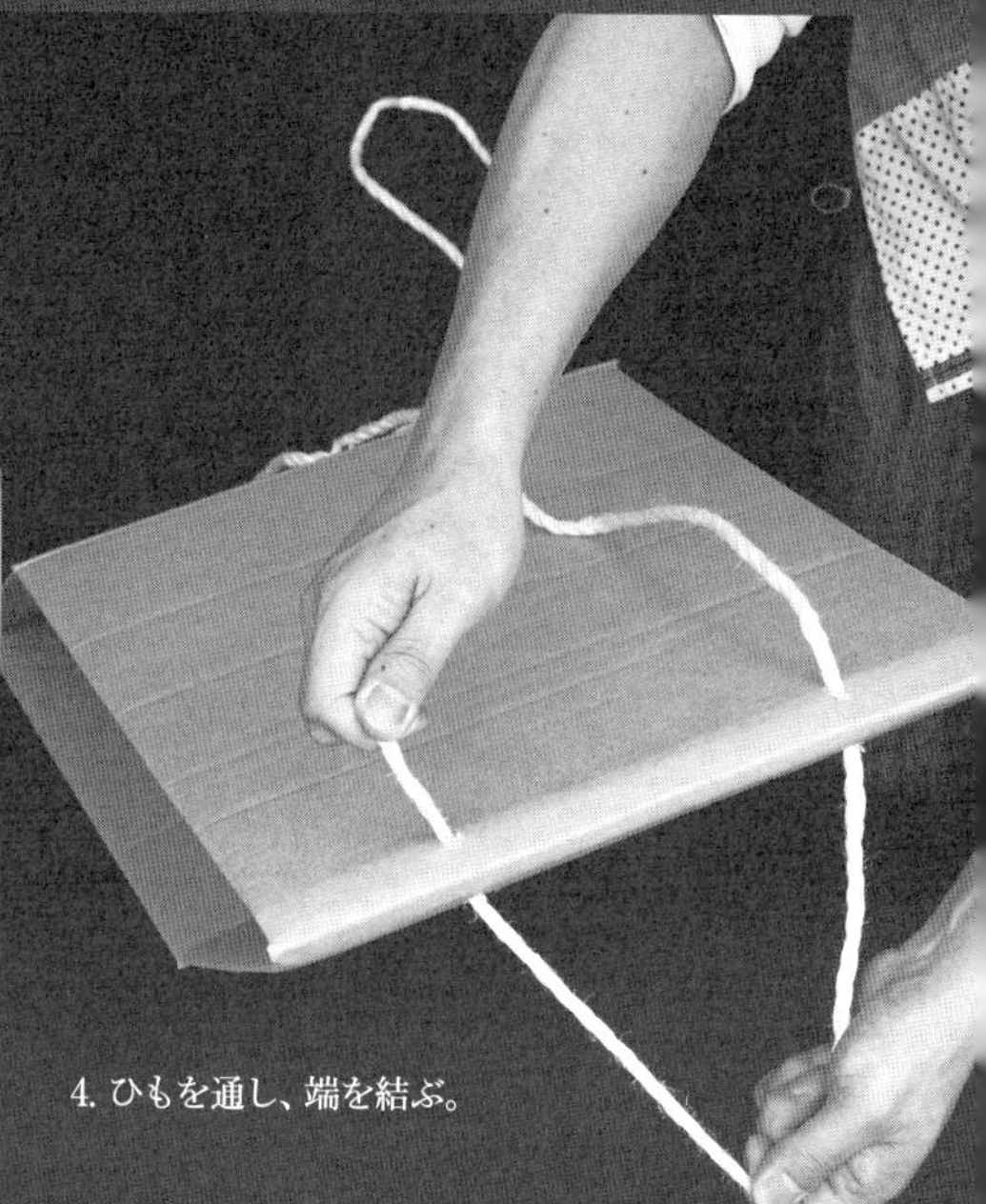

4. ひもを通し、端を結ぶ。

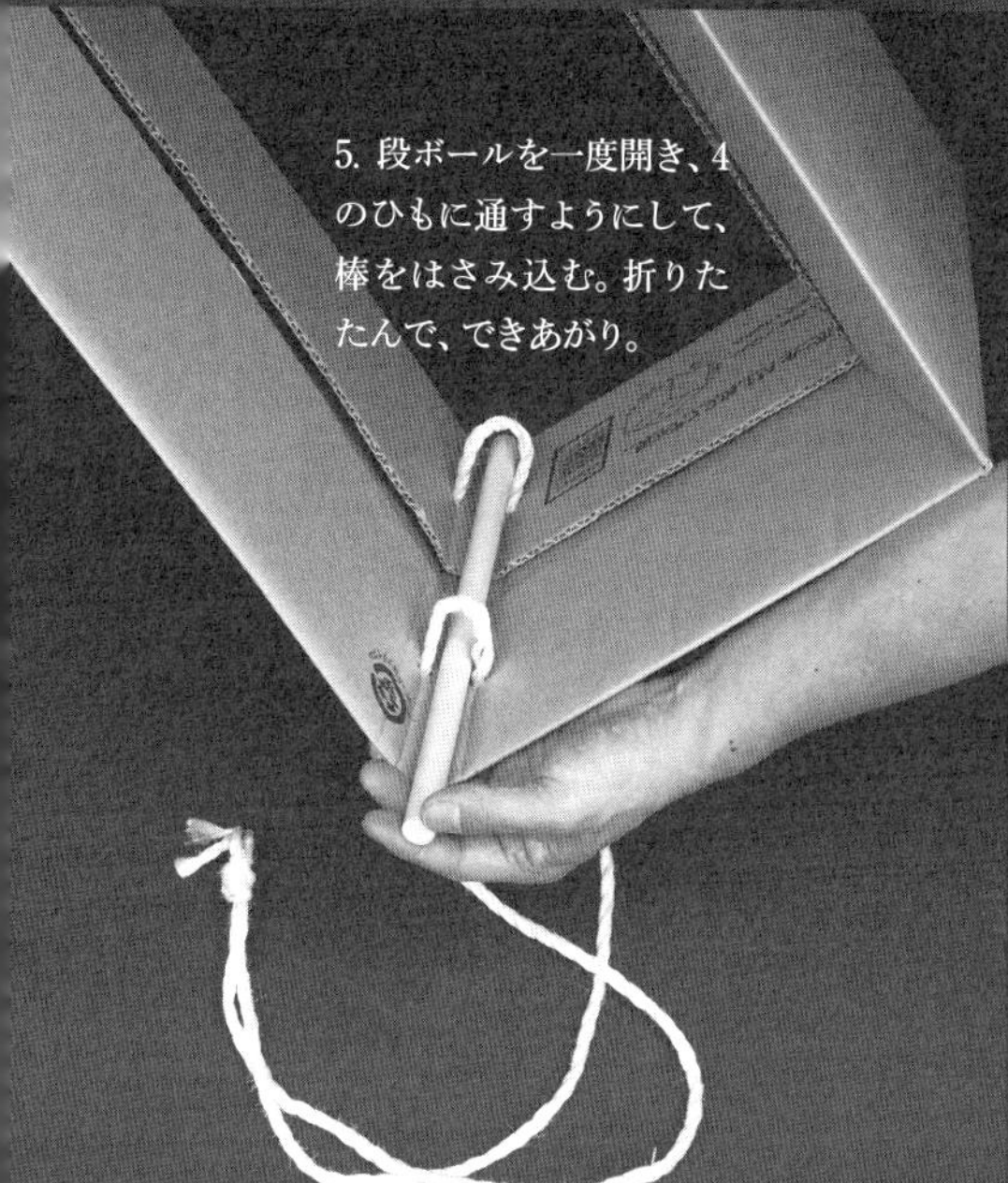

5. 段ボールを一度開き、4のひもに通すようにして、棒をはさみ込む。折りたたんで、できあがり。

もっと工作したい！

野出流材料集め

ここまでの工作で使った「紙コップ」「CD」「新聞紙」「段ボール」以外にも、工作に使える材料はたくさんある。例を下に挙げておくけれど、これに縛られないで、身近にあるもので、子どもたちが自由に工作できればいいよね。それと、用意した材料を使わないからって、怒るのはナシ！

家にあるもの
・紙皿　・つまようじ
・クラフトテープ
・牛乳パック、びん
・磁石

取っておきたいもの
・アイスの棒
・デザートの空き容器
・コルクの栓　・かまぼこ板
・串　・発砲スチロール

ホームセンターなどで
・はりがね、モール
・クリップ　・木材
・目玉シール（目玉の形をしたシール）
・マスキングテープ

手芸店などで
・布、フェルト　・ボタン

無垢工房の
このアイテム。
道具箱に
加えたい！

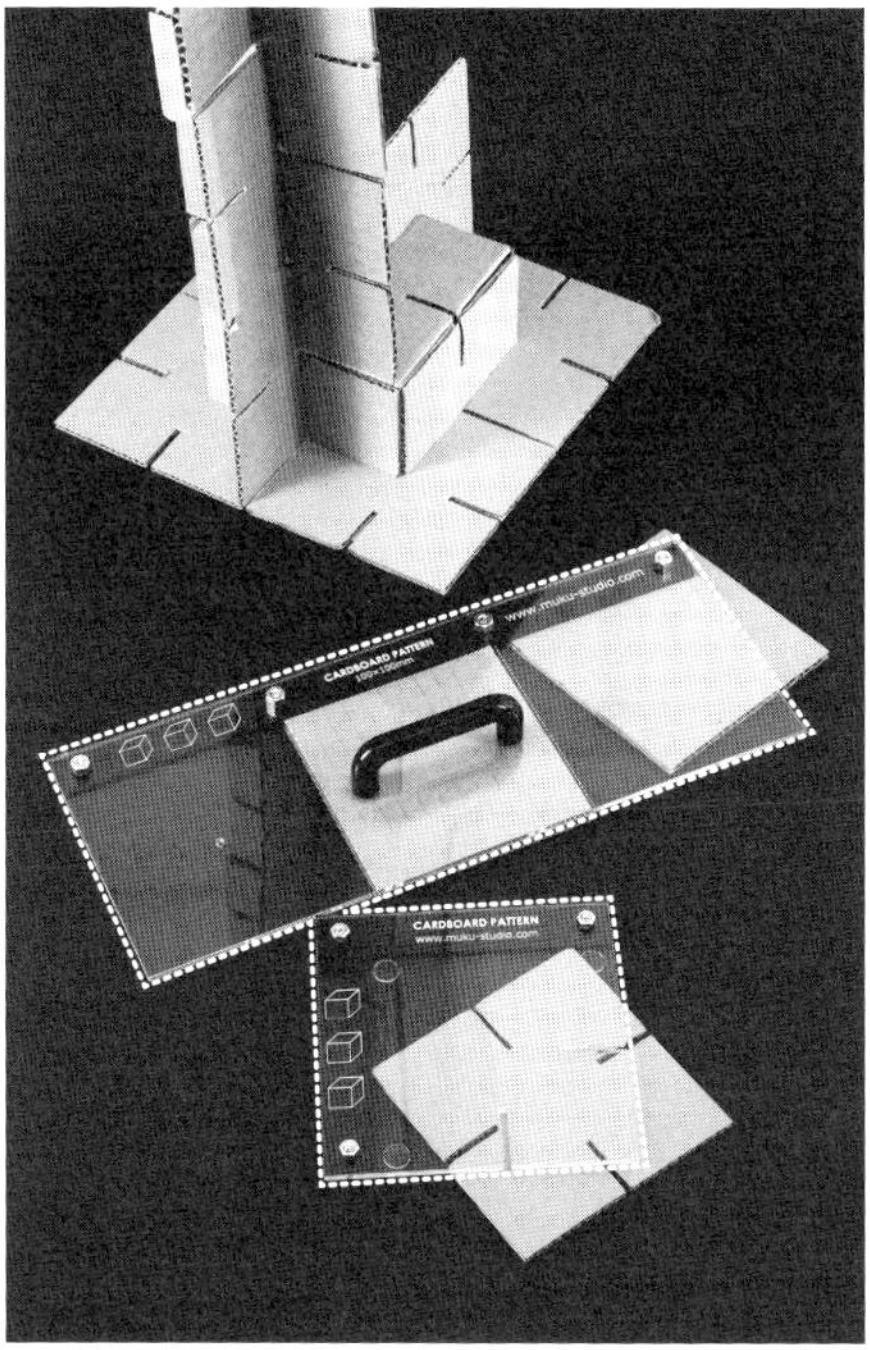

段ボールがおもちゃに変身！

大きいスケールで長方形を、ちいさいスケールで正方形を切り出せるすぐれもの。切れ目を入れれば、組み合わせてどんな形でも！

段ボールパターン（2014）
大120×300mm（切り出すと100×300mm）、
小120×120mm（切り出すと100×100mm）
近日発売予定！

どんな紙でも折り紙にしちゃえ！

このスケールを、ちらしや包装紙、新聞紙に当ててカットするとオリジナル折り紙に。「日本折り紙協会」でも取り扱っているよ。

折り紙パターン（2008）
大150×150mm、小120×120mm（写真のもの）
各1,620円

無垢工房から飛び出して、
コラボ商品ring＋も展開中！

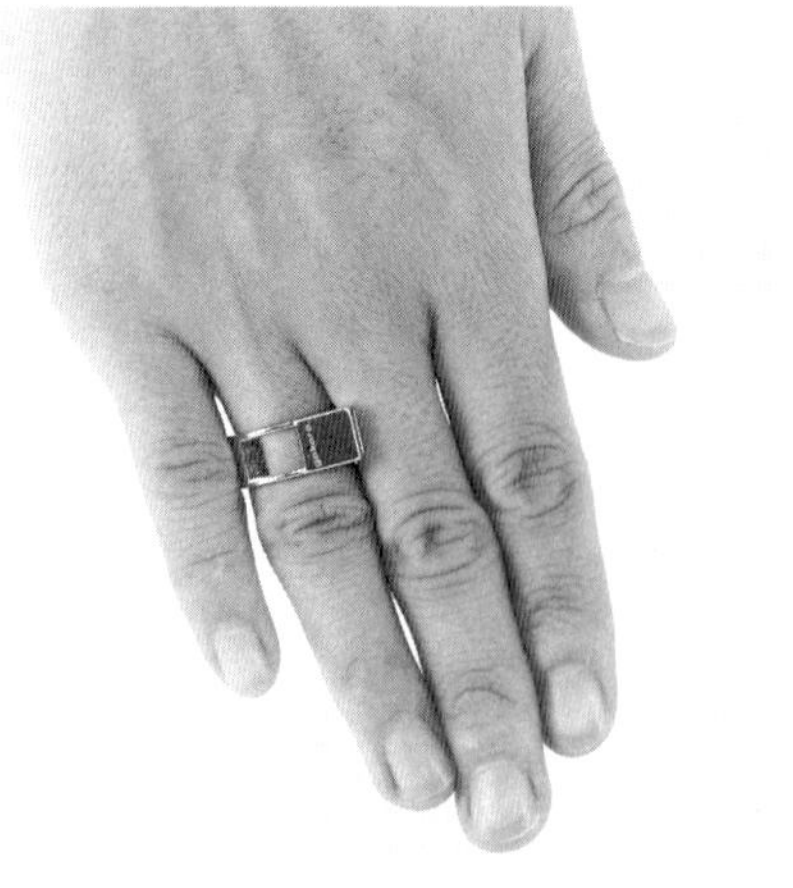

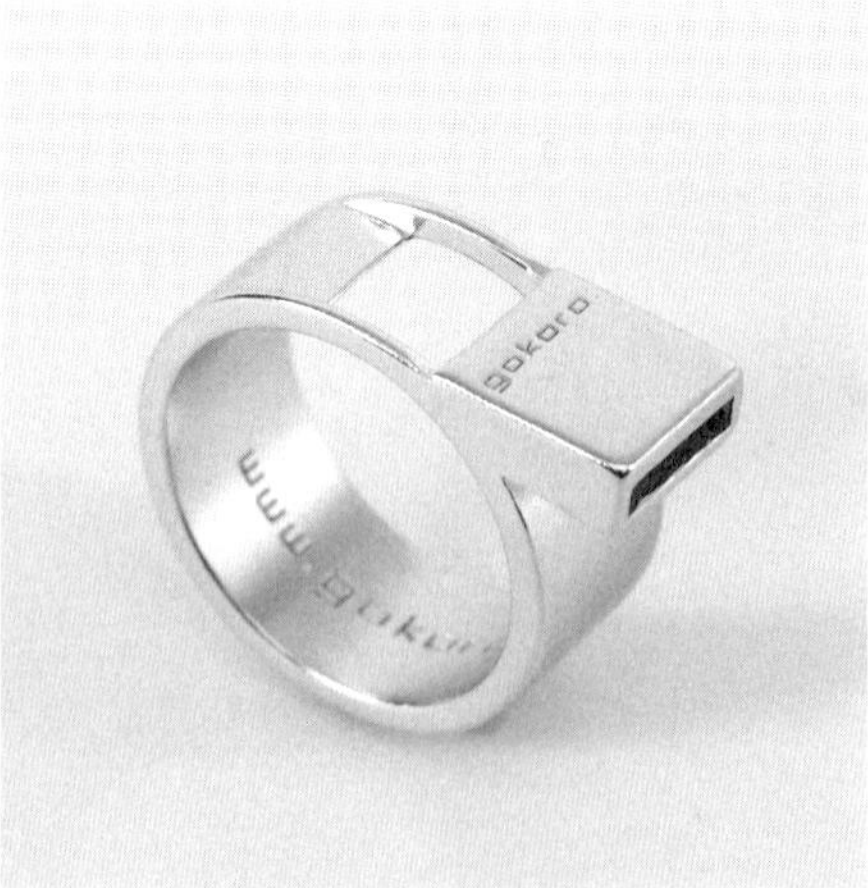

友人のデザイナー・野口浩之さんとのブランド「gokoro」のリング。
リングの両サイドを指でふさいで吹くことで、ホイッスルになる。
緊急時にも活躍。ペンダントにしても。
gokoro　http://www.gokoro.jp/
ring+ リングプラス（2013）
リングサイズ…5号、7号、9号、11号、13号、15号、17号
16,200円